Nietzsche

COLEÇÃO DAS OBRAS DE NIETZSCHE
Coordenação de Paulo César de Souza

Além do bem e do mal — Prelúdio a uma filosofia do futuro
O Anticristo — Maldição ao cristianismo e
    Ditirambos de Dionísio
Assim falou Zaratustra — Um livro para todos e para ninguém
Aurora — Reflexões sobre os preconceitos morais
O caso Wagner — Um problema para músicos
    e Nietzsche contra Wagner — Dossiê de um psicólogo
Crepúsculo dos ídolos — ou Como se filosofa com o martelo
Ecce homo — Como alguém se torna o que é
A gaia ciência
Genealogia da moral — Uma polêmica
Humano, demasiado humano — Um livro para espíritos livres
Humano, demasiado humano — Um livro para espíritos livres — volume II
O nascimento da tragédia — ou Helenismo e pessimismo

FRIEDRICH NIETZSCHE

O CASO WAGNER
Um problema para músicos

NIETZSCHE CONTRA WAGNER
Dossiê de um psicólogo

Tradução, notas e posfácio
Paulo César de Souza

Copyright da tradução, notas e posfácio
© 1999 by Paulo César Lima de Souza

Grafia atualizada segundo o Acordo Ortográfico da Língua Portuguesa de 1990, que entrou em vigor no Brasil em 2009.

Títulos originais
Der Fall Wagner: Ein Musikanten-Problem e
Nietzsche contra Wagner: Aktenstücke eines Psychologen

Capa
Jeff Fisher

Preparação
Márcia Copola

Revisão
Renato Potenza Rodrigues e Larissa Lino Barbosa

Atualização ortográfica
Verba Editorial

Dados Internacionais de Catalogação na Publicação (CIP)
(Câmara Brasileira do Livro, SP, Brasil)

Nietzsche, Friedrich Wilhelm, 1844-1900.

O caso Wagner : um problema para músicos ; Nietzsche contra Wagner : dossiê de um psicólogo / Friedrich Wilhelm Nietzsche ; tradução, notas e posfácio Paulo César de Souza. — 1ª ed. — São Paulo : Companhia de Bolso, 2016.

Título original: Der Fall Wagner ; Nietzsche contra Wagner.
ISBN 978-85-359-2825-9

1. Filosofia alemã 2. Música — Filosofia e estética 3. Wagner, Richard, 1813-1883 — Crítica e interpretação I. Souza, Paulo César de. II. Título. III. Título: Nietzsche contra Wagner.

16-07674 CDD-193

Índices para catálogo sistemático:
1. Filosofia alemã 193
2. Nietzsche : Obras filosóficas 193

2016

Todos os direitos desta edição reservados à
EDITORA SCHWARCZ S.A.
Rua Bandeira Paulista, 702, cj. 32
04532-002 — São Paulo — SP
Telefone: (11) 3707-3500
Fax: (11) 3707-3501
www.companhiadasletras.com.br
www.blogdacompanhia.com.br

SUMÁRIO

O CASO WAGNER

Prólogo 9
Seções 1 a 12 *11*
Pós-escrito *34*
Segundo pós-escrito *39*
Epílogo *42*

NIETZSCHE CONTRA WAGNER

Prólogo *47*
O que admiro *48*
No que faço objeções *50*
Wagner como perigo *52*
Uma música sem futuro *54*
Nós, antípodas *56*
O lugar de Wagner *58*
Wagner como apóstolo da castidade *60*
Como me libertei de Wagner *63*
O psicólogo toma a palavra *65*
Epílogo *69*
Da pobreza do riquíssimo *73*

Notas *81*
Apêndice *89*
Procedência dos textos de *Nietzsche contra Wagner* *91*
Seções de *Nietzsche contra Wagner* cortadas por Nietzsche *92*

Cartas de Nietzsche sobre as duas obras *97*
À guisa de posfácio *107*
Índice remissivo *113*
Sobre o autor e o tradutor *117*

O caso Wagner
Um problema para músicos

PRÓLOGO

Vou me permitir um breve descanso. Não é pura malícia, se neste escrito faço o elogio de Bizet à custa de Wagner. Em meio a várias brincadeiras, apresento uma questão com que não se deve brincar. Voltar as costas a Wagner foi para mim um destino; gostar novamente de algo, uma vitória. Ninguém, talvez, cresceu tão perigosamente junto ao wagnerismo, ninguém lhe resistiu mais duramente, ninguém se alegrou tanto por livrar-se dele. Uma longa história! — Querem uma designação para ela? — Se eu fosse um moralista, quem sabe como a chamaria? Talvez *superação de si*. — Mas o filósofo não ama os moralistas... E também não ama as palavras bonitas...

Que exige um filósofo de si, em primeiro e em último lugar? Superar em si seu tempo, tornar-se "atemporal". Logo, contra o que deve travar seu mais duro combate? Contra aquilo que o faz um filho de seu tempo. Muito bem! Tanto quanto Wagner, eu sou um filho desse tempo; quer dizer, um *décadent*: mas eu compreendi isso, e me defendi. O filósofo em mim se defendeu.

O que me ocupou mais profundamente foi o problema da *décadence* — para isso tive razões. "Bem e Mal" é apenas uma variante desse problema. Tendo uma vista treinada para os sinais de declínio, compreende-se também a moral — compreendemos o que se oculta sob os seus mais sagrados nomes e fórmulas de valor: a vida *empobrecida*, a vontade de fim, o grande cansaço. A moral *nega a* vida... Para uma tarefa assim, era-me necessária uma disciplina própria — tomar partido contra tudo doente em mim, incluindo Wagner, incluindo Schopenhauer, incluindo os modernos sentimentos de "humanidade". — Um profundo alheamento, esfriamento, desalento face a tudo o que é temporal e temporâneo: e, como desejo maior, o olhar de *Za-*

ratustra, um olho que vê toda a realidade "homem" de uma tremenda distância — *abaixo* de si... Para um tal objetivo — que sacrifício não seria adequado? que "superação de si"? que "negação de si"?

Minha maior vivência foi uma *cura*. Wagner foi uma de minhas doenças.

Não que eu deseje me mostrar ingrato a essa doença. Se nestas páginas eu proclamo a tese de que Wagner é *danoso*, quero do mesmo modo proclamar *a quem*, não obstante, ele é indispensável — ao filósofo. Outros poderão passar sem Wagner; mas o filósofo não pode ignorá-lo. Ele tem de ser a má consciência do seu tempo — para isso, precisa ter a sua melhor ciência. Mas onde encontraria ele um guia mais experimentado no labirinto da alma moderna, um mais eloquente perito da alma? Através de Wagner, a modernidade fala sua linguagem mais *íntima*: não esconde seu bem nem seu mal, desaprendeu todo pudor. E, inversamente, teremos feito quase um balanço sobre o *valor* do moderno, se ganharmos clareza sobre o bem e o mal em Wagner. — Eu entendo perfeitamente, se hoje um músico diz: "Odeio Wagner, mas não suporto mais outra música". Mas também compreenderia um filósofo que dissesse: "Wagner *resume* a modernidade. Não adianta, é preciso primeiro ser wagneriano...".

O CASO WAGNER
Carta de Turim, maio de 1888

ridendo dicere severum...[1]

1. Ontem — vocês acreditarão? — ouvi pela vigésima vez a obra-prima de Bizet.[2] Fiquei novamente até o fim, com suave devoção, novamente não pude fugir. Esse triunfo sobre minha impaciência me espanta. Como uma obra assim aperfeiçoa! Tornamo-nos nós mesmos "obra-prima". — Realmente, a cada vez que ouvi *Carmen*, eu parecia ser mais filósofo, melhor filósofo do que normalmente me creio: tornando-me tão indulgente, tão feliz, indiano, *sedentário*... Cinco horas sentado: primeira etapa da santidade! — Posso acrescentar que a orquestração de Bizet é quase a única que ainda suporto? Essa *outra* orquestração atualmente em voga, a wagneriana, brutal, artificial e "inocente" ao mesmo tempo, e que assim fala simultaneamente aos três sentidos da alma moderna — como me é prejudicial essa orquestração wagneriana! Eu a denomino "siroco". Um suor desagradável me cobre de repente. O *meu* tempo bom vai embora.

Esta música me parece perfeita. Aproxima-se leve, sutil, com polidez. É amável, não *transpira*. "O que é bom é leve, tudo divino se move com pés delicados": primeira sentença da minha estética. Esta música é maliciosa, refinada, fatalista: no entanto permanece popular — ela tem o refinamento de uma raça, não de um indivíduo. É rica. É precisa. Constrói, organiza, conclui: assim, é o contrário do pólipo na música, a "melodia infinita".[3] Alguém já ouviu num palco entonações mais dolorosamente trágicas? E a maneira como são obtidas! Sem caretas! Sem falsificação! Sem a *mentira* do grande estilo! — Por fim: esta música trata o ouvinte como pessoa inteligente e até como músico — e também nisso é o oposto de Wagner, que, seja o que mais for, era o gênio mais descortês do mundo (Wagner nos trata como se — —, ele repete uma coisa com tal frequência que esperamos — que acreditamos nela).

Mais ainda: eu me torno um homem melhor, quando esse Bizet me persuade. E também um músico melhor, um *ouvinte* melhor. É possível se escutar ainda melhor? — Eu enterro os meus ouvidos sob essa música, eu ouço a sua causa. Parece-me presenciar a sua gênese — estremeço ante os perigos que acompanham alguma audácia, arrebatam-me os acasos felizes de que Bizet é inocente. — E, coisa estranha, no fundo não penso nisso, ou não *sei* o quanto penso nisso. Pois nesse ínterim me passam bem outros pensamentos pela cabeça. Já se percebeu que a música *faz livre* o espírito? que dá asas ao pensamento? que alguém se torna mais filósofo, quanto mais se torna músico? O céu cinzento da abstração atravessado por coriscos; a luz, forte o bastante para se verem as filigranas; os grandes problemas se dispondo à apreensão; o mundo abarcado com a vista, como de um monte. — Acabo de definir o *pathos* filosófico. — E de súbito caem-me *respostas* no colo, uma pequena chuva de gelo e sapiência, de problemas *resolvidos*... Onde estou? — Bizet me faz fecundo. Tudo o que é bom me faz fecundo. Não tenho outra gratidão, nem tenho outra *prova* para aquilo que é bom.

2. Também essa obra redime; não apenas Wagner é um "redentor".[4] Com ela nos despedimos do Norte úmido, de todos os vapores do ideal wagneriano. A ação já redime. De Mérimée[5] ainda possui a lógica na paixão, a linha mais curta, a dura necessidade: tem sobretudo o que é da zona quente, a secura do ar, a *limpidezza* no ar. Em todo aspecto o clima muda. Aqui fala uma outra sensualidade, uma outra sensibilidade, uma outra serena alegria. Essa música é alegre, mas não de uma alegria francesa ou alemã. Sua alegria é africana; ela tem a fatalidade sobre si, sua felicidade é curta, repentina, sem perdão. Invejo Bizet por isso, por haver tido a coragem para esta sensibilidade, que até agora não teve idioma na música cultivada da Europa — esta sensibilidade mais meridional, mais morena, mais queimada... Como nos fazem bem as tardes brônzeas da sua felicidade! Olhamos para fora ao ouvi-la: já vimos o mar tão liso? E como a dança moura nos fala de modo tranquilizador! Como, em sua lasciva melancolia, mesmo a nossa insaciabilidade aprende a satisfação! — Finalmente o amor, o amor retraduzido em natureza! Não o amor de uma "virgem sublime"! Nenhum sentimentalismo de Senta![6] Mas o amor como fado, como fatalidade, cínico, inocente, cruel — e precisamente nisso natureza! O amor, que em seus meios é a guerra, e no fundo o ódio mortal dos sexos! — Não sei de caso em que a ironia trágica que constitui a essência do amor seja expressa de maneira tão rigorosa, numa fórmula tão terrível, como no último grito de *don* José, que conclui a obra:

"Sim! *Eu* a matei,
eu — minha adorada Carmen!"

— Uma tal concepção do amor (a única digna de um filósofo) é rara: ela distingue uma obra de arte entre mil.[7] Pois na média os artistas fazem como todos, ou mesmo pior — eles *entendem* mal o amor. Também Wagner o entendeu mal. Eles acreditam ser desinteressados do amor, por querer o benefício de outro ser, às vezes contra o benefício próprio. Mas em troca desejam *possuir* o outro ser... Nisso nem mesmo Deus é exceção. Ele está longe de pensar: "que te interessa, se te amo?"[8] — ele se torna terrível, quando o seu amor não é correspondido. *L'amour* — uma frase verdadeira entre os homens e entre os deuses — *est de tous les sentiments le plus égoïste, et par conséquent, lorsqu'il est blessé, le moins généreux* [O amor é, de todos os sentimentos, o mais egoísta, e, em consequência, o menos generoso quando é ferido] (B. Constant).[9]

3. Já percebem como essa música me torna melhor? — *Il faut méditerraniser la musique* [É preciso mediterranizar a música]: tenho razões para esta fórmula (*Além do bem e do mal*, § 255). O retorno à natureza, a saúde, alegria, juventude, virtude! — E no entanto eu fui um dos mais corruptos wagnerianos... Eu fui capaz de levar Wagner a sério... Ah, esse velho feiticeiro! Como

nos iludiu! A primeira coisa que a sua arte nos oferece é uma lente de aumento: olhando por ela, não se acredita nos próprios olhos — tudo fica grande, *até Wagner fica grande*... Que astuta cascavel! Toda a vida ela nos falou ruidosamente em "dedicação", "fidelidade", "pureza", com um elogio à castidade retirou-se do mundo *depravado*! — E nós acreditamos...

Mas vocês não me ouvem? Preferem o *problema* de Wagner ao de Bizet? Também eu não o subestimo, ele tem seu fascínio. O problema da redenção é sem dúvida um problema respeitável. Sobre nenhuma outra coisa Wagner refletiu tão profundamente: sua ópera é a ópera da redenção. Em Wagner, há sempre alguém que deseja ser redimido: ora um homenzinho, ora uma senhorita — este é o problema *dele*. — E como varia ricamente o seu *leitmotiv*! Que digressões raras e profundas! Quem, senão Wagner, nos ensinaria que a inocência redime de preferência pecadores interessantes? (O caso de *Tannhäuser*.) Ou que mesmo o judeu errante é redimido, torna-se *sedentário*, quando se casa?) (No *Navio fantasma*.) Ou que velhas mulheres depravadas preferem ser redimidas por jovens castos? (O caso de Kundry.)[10] Ou que donzelas bonitas preferem a redenção por um cavaleiro que seja wagneriano? (O caso dos *Mestres cantores*.) Ou que também mulheres casadas gostam de ser redimidas por um cavaleiro? (Caso de Isolda.) Ou que o "velho Deus", depois de haver se comprometido moralmente em todo sentido, é finalmente redimido por um livre-pensador e moralista? (Caso do *Anel*.) Detenham-se em admirar especialmente esta última, profunda percepção! Vocês a compreendem? Eu — eu me guardo de compreendê-la... Que se possa extrair outros ensinamentos das obras mencionadas, é algo que eu estaria mais disposto a provar que a negar. Que um balé wagneriano possa conduzir alguém ao desespero — e à virtude! (Novamente o caso de *Tannhäuser*.) Que possa ter as piores consequências o fato de não ir para a cama no momento certo (novamente o caso de *Lohengrin*). Que não se deve jamais saber exatamente com quem se casou (pela terceira vez, o caso de *Lohengrin*). — *Tristão e Isolda* glorifica o marido perfeito que em certo caso tem apenas uma pergunta:

"Mas por que não me disseram isso antes? Tão simples!". Resposta:

> "Isso não te posso dizer; e o que perguntas,
> não podes jamais saber."

Lohengrin contém uma solene proscrição da busca e do questionamento. Wagner defende assim a ideia cristã, "Deves crer e precisas crer". Ser científico é um crime contra o que é mais elevado e mais sagrado... O *Navio fantasma* prega o sublime ensinamento de que a mulher faz assentar o mais inquieto dos homens, ou, em linguagem wagneriana, o "redime". Aqui nos permitimos uma pergunta. Supondo isto verdadeiro, seria também desejável? — O que acontece ao "judeu errante" que uma mulher adora e faz *assentar*? Ele apenas deixa de ser eterno;[11] ele se casa, e não mais nos interessa. — Traduzido para a realidade: o perigo dos artistas, dos gênios — pois estes são os "judeus errantes" — está na mulher; as mulheres *adoradoras* são sua ruína. Quase nenhum tem caráter bastante para não ser arruinado ("redimido"), ao se sentir tratado como deus — logo ele *condescende* à mulher. O homem é covarde diante do eterno-feminino: bem o sabem as femeazinhas. — Em muitos casos do amor feminino, e talvez justamente nos mais famosos, o amor é apenas um parasitismo refinado, um aninhar-se numa alma alheia, por vezes até numa carne alheia — ah, e sempre à custa do "hospedeiro"!

Sabe-se o destino de Goethe na Alemanha solteirona e moralmente azeda. Ele foi repulsivo para os alemães, e teve admiradores francos apenas entre mulheres judias.[12] Schiller, o "nobre" Schiller, que encheu os ouvidos alemães com grandes palavras — *este* lhes foi caro ao coração. O que censuravam eles em Goethe? O "monte de Vênus", e que tivesse escrito os *Epigramas venezianos*. Klopstock foi o primeiro a lhe pregar um sermão; houve um tempo em que Herder, ao falar de Goethe, usava de preferência a palavra "Príapo".[13] Mesmo o *Wilhelm Meister* era tido apenas como sintoma de declínio, "caída na mendicância" moral. Nele, a *"ménagerie* [coleção] de animais mansos", a "baixeza" do herói, enfureciam Niebuhr,[14] por exemplo, que afinal irrompe numa queixa que *Biterolf* poderia cantar: "Nada pode causar impressão mais dolorosa do que um grande espírito que se despoja de suas asas e busca sua virtuosidade em algo bastante inferior, *ao renunciar ao sublime*"... Mas sobretudo as virgens sublimes se indignaram: cada pequenina corte, toda espécie de "Wartburg" na Alemanha fazia o sinal da cruz para Goethe, para o "espírito impuro" de Goethe.[15] — *Essa* é a história que Wagner pôs em música. Ele *redime* Goethe, não há dúvida; mas de maneira a, com argúcia, simultaneamente tomar o partido das virgens sublimes. Goethe é salvo: uma oração o salva, uma virgem sublime o *atrai para cima*...[16]

— O que Goethe teria pensado de Wagner? — Uma vez ele se perguntou acerca do perigo que ameaçava os românticos: a fatalidade romântica. Sua resposta: "sufocar com a ruminação de absurdos morais e religiosos". Numa palavra: *Parsifal* — — O filósofo junta um epílogo: *Santidade* — talvez a última coisa que o povo e as mulheres ainda conseguem ver, dos valores mais altos; o horizonte do ideal para todos os míopes por natureza. Para os filósofos, no entanto, uma simples recusa de compreensão, como todo horizonte, uma espécie de portão fechado onde o *seu* mundo apenas *começa* — o *seu* perigo, *seu* ideal, *sua* aspiração... Para dizê-lo de modo mais cortês: *La philosophie ne suffit pas au grand nombre. Il lui faut la sainteté* [A filosofia não basta para a multidão. Ela necessita da santidade].[17]

4. Agora contarei a história do *Anel*. O seu lugar é aqui. Também é uma história de redenção: somente que desta vez é Wagner o redimido. — Durante meia vida Wagner acreditou na *Revolução*, como só um francês podia acreditar. Ele a procurou na escrita rúnica do mito, e pensou encontrar em *Siegfried* o revolucionário típico. — "De onde vêm as desgraças do mundo?", perguntou a si mesmo. Dos "velhos contratos", respondeu, como todos os ideólogos da Revolução. Mais claramente: de costumes, leis, morais, instituições, de tudo aquilo sobre o qual repousa o velho mundo, a velha sociedade. "Como banir a desgraça do mundo? Como abolir a velha sociedade?" Somente declarando guerra aos "contratos" (à tradição, à moral). *Isto é o que faz Siegfried*, Ele começa cedo, bem cedo: o seu nascimento já é uma declaração de guerra à moral — ele vem ao mundo de um adultério, de um incesto... *Não* é da lenda, é de Wagner a invenção desse traço radical; nesse ponto ele *corrigiu* a lenda... Siegfried continua tal como iniciou: segue apenas o primeiro impulso, lança por terra tudo recebido, toda reverência, todo *temor*. O que o aborrece, abate com a espada. Ataca desrespeitosamente as velhas divindades. Sua empresa maior, porém, consiste em *emancipar a mulher* — "salvar Brunilda"... Siegfried *e* Brunilda; o sacramento do amor livre; o advento da era dourada; o crepúsculo de ídolos da velha moral — *o infortúnio foi abolido...* Por longo tempo a nave de Wagner seguiu contente esse curso. Sem dúvida, Wagner buscava nele o seu mais elevado objetivo. — Que aconteceu então? Um acidente. A nave foi de encontro a um recife; Wagner encalhou. O recife era a filosofia schopenhaueriana; Wagner estava encalhado numa visão de mundo *contrária*. O que havia ele posto em música? O otimismo. Wagner se envergonhou. Além disso, um otimismo para o qual Schopenhauer havia criado um adjetivo mau — o otimismo *infame*. Ele envergonhou-se novamente. Meditou por longo tempo, sua situação parecia desesperada... Enfim vislumbrou uma saída: o recife no qual naufragara, e se ele o interpretasse como *objetivo*, como intenção oculta, como verdadeiro sentido de sua viagem? Naufragar *ali* — isso era também uma meta. *Bene navigavi, cum naufragium feci...* [Naveguei bem, ao naufragar].[18] E ele traduziu o *Anel* em schopenhaueriano. Tudo vai torto, tudo afunda, o novo mundo é tão ruim quanto o velho — o *nada*, a Circe[19] indiana, nos acena... Brunilda, que segundo a antiga intenção se despediria com uma canção de louvor ao amor livre, deixando ao mundo esperanças de uma utopia socialista, com a qual "tudo fica bom", agora tem outra coisa a fazer. Deve primeiro estudar Schopenhauer, tem de pôr em versos o quarto livro do *Mundo como vontade e representa-*

ção. *Wagner estava redimido...* Em toda seriedade, esta *foi* uma redenção. O benefício que Wagner deve a Schopenhauer é imensurável. Somente *o filósofo da décadence* revelou o artista da *décadence a si mesmo...*

5. O *artista da décadence* — eis a palavra. E aqui começa a minha seriedade. Estou longe de olhar passivamente, enquanto esse *décadent* nos estraga a saúde — e a música, além disso! Wagner é realmente um ser humano? Não seria antes uma doença? Ele torna doente aquilo em que toca — *ele tornou a música doente* —

Um típico *décadent*, que se sente necessário com seu gosto corrompido, que o reivindica como um gosto superior, que sabe pôr em relevo sua corrupção, como lei, como progresso, como realização.

E não lhe opõem resistência. Seu poder de sedução cresce desmesuradamente, nuvens de incenso o rodeiam, o mal-entendido a seu respeito chama-se "Evangelho" — ele não se limitou a convencer somente os *pobres de espírito*!

Sinto o desejo de abrir um pouco a janela. Ar! Mais ar![20]

Que na Alemanha as pessoas se enganem a respeito de Wagner não me surpreende. O contrário me surpreenderia. Os alemães prepararam para si um Wagner que podem venerar: eles jamais foram psicólogos, são gratos por compreender mal. Mas que também em Paris as pessoas se enganem a respeito de Wagner! Lá, onde são psicólogos mais que tudo! E em São Petersburgo, onde suspeitam coisas de que nem mesmo em Paris se tem ideia! Como Wagner deve ter afinidade com a *décadence* europeia em geral, para não ser percebido por ela como *décadent*! Ele pertence a ela: é seu protagonista, seu maior nome... Colocá-lo nas nuvens é honrar a si mesmo. — Pois o fato de não lhe oporem resistência já é, em si, um sinal de *décadence*. O instinto está debilitado. O que se deveria evitar, atrai. Leva-se aos lábios o que conduz mais rapidamente ao abismo. — Querem um exemplo? Basta observar o *régime* que se prescrevem os anêmicos, artríticos ou diabéticos. Definição do vegetariano: um ser que necessita de uma dieta fortificante. Perceber o nocivo como nocivo, *poder* proibir-se algo nocivo, é ainda um sinal de juventude, de força vital. Os exaustos são atraídos pela coisa nociva: o vegetariano, pelos vegetais.[21] A própria doença pode ser um estimulante da vida: mas é preciso ser sadio o bastante para esse estimulante! — Wagner aumenta a exaustão: *por isso* atrai os débeis e exaustos. Oh, a felicidade de cascavel do velho mestre, ao ver que o procuravam justamente as "criancinhas"![22]

Eis o ponto de vista que destaco: a arte de Wagner é doente. Os problemas que ele põe no palco — todos problemas de histéricos —, a natureza convulsiva dos seus afetos, sua sensibilidade exacerbada, seu gosto, que exigia temperos sempre mais picantes, sua instabilidade, que ele travestiu em princípios, e, não menos importante, a escolha de seus heróis e heroínas, considerados como tipos psicológicos (— uma galeria de doentes!): tudo isso representa um quadro clínico que não deixa dúvidas. *Wagner est une névrose* [Wagner é uma neurose]. Talvez nada exista de tão conhecido hoje, ao menos nada foi tão bem estudado, quanto o caráter proteico da degenerescência, que aqui se fez crisálida de arte e artista. Nossos médicos e fisiólogos têm em Wagner seu caso mais interessante, ou no mínimo um caso muito completo. Precisamente porque nada é mais moderno do que esse adoecimento geral, essa tardeza e superexcitação do mecanismo nervoso, Wagner é o *artista moderno par excellence*, o Cagliostro da modernidade.[23] Em sua arte se encontra, misturado da maneira mais sedutora, aquilo de que o mundo hoje tem mais necessidade — os três grandes estimulantes dos exaustos: o elemento *brutal*, o *artificial* e o *inocente* (idiota).[24]

Wagner é uma grande corrupção para a música. Ele percebeu nela um meio para excitar nervos cansados — com isso tornou a música doente. Não é pouco seu talento na arte de aguilhoar os totalmente exaustos, de chamar à vida os semimortos. Ele é o mestre do passe hipnótico, mesmo os mais fortes ele derruba como touros. O *sucesso* de Wagner — seu sucesso junto aos nervos, e em consequência junto às mulheres — transformou o mundo dos músicos ambiciosos em seguidores da sua arte oculta. E não só os ambiciosos, também os *sagazes*... Hoje se faz dinheiro apenas com música doente; nossos grandes teatros vivem de Wagner.

6. — Permito-me novamente uma recreação. Vamos supor que o sucesso de Wagner tomasse corpo e forma, que ele, disfarçado de musicólogo filantropo, circulasse entre jovens artistas. Como acham que ele se manifestaria?

Meus amigos, diria, troquemos algumas palavras. É mais fácil fazer música ruim do que música boa. E se além disso fosse também mais vantajoso? Mais efetivo, convincente, entusiasmante, seguro? Mais *wagneriano*? — *Pulchrum est paucorum hominum* [O belo pertence a poucos]. Mau! Nós compreendemos o latim, e compreendemos também nosso interesse. O belo tem seus espinhos: nós o sabemos. Logo, para que beleza? Por que não o grandioso, o elevado, o gigantesco, o que move as *massas*? — Repito: é mais fácil ser gigantesco do que belo; nós o sabemos...

Conhecemos as massas, conhecemos o teatro. Os melhores entre os que assistem, jovens alemães, Siegfrieds de cornos e outros wagnerianos, necessitam do que é elevado, profundo, irresistível. Disso nós somos capazes. E os demais que também assistem, os cretinos da cultura, os pequenos esnobes, os eternamente femininos, os de feliz digestão, em suma, o *povo* — necessitam igualmente do elevado, do profundo, do irresistível. Tudo tem a mesma lógica. "Quem nos arrebata é forte; quem nos eleva é divino; quem nos faz intuir é profundo." — Decidamos, caros músicos; nós queremos arrebatá-los, queremos elevá-los, queremos fazê-los intuir. Disso tudo ainda somos capazes.

Quanto ao fazer intuir: eis o ponto de partida do nosso conceito de "estilo". Sobretudo nenhum pensamento! Nada mais comprometedor que um pensamento! Mas sim o estado *anterior* ao pensamento, o amontoar de pensamentos não nascidos, a promessa de pensamentos futuros, o mundo como era antes de Deus criá-lo — a recrudescência do caos... O caos faz intuir...

Falando na linguagem do mestre: infinitude, mas sem melodia.

No que toca a arrebatar as pessoas, isto já se relaciona com a fisiologia. Estudemos sobretudo os instrumentos. Alguns deles convencem até as entranhas (— eles *abrem* as portas, para falar como Händel), outros encantam a medula espinhal. A cor do som é decisiva; *o que* soa é indiferente. É *esse* ponto que devemos refinar! Por que nos desperdiçarmos? Sejamos, no timbre, característicos até a loucura! Nosso espírito ganhará o crédito, se os nossos timbres insinuarem enigmas! Exasperemos os nervos, acabemos com eles, utilizemos raio e trovão — isto arrebata...

Sobretudo a *paixão* arrebata. — Vamos nos entender acerca da paixão. Nada é mais barato que a paixão! Pode-se dispensar todas as virtudes do contraponto, nada é preciso aprender — a paixão sempre se sabe! A beleza é difícil: cuidado com a beleza!... Mais ainda com a *melodia*! Injuriemos, meus amigos, injuriemos, se de fato vemos como sério nosso ideal, injuriemos a melodia! Nada mais perigoso que uma bela melodia! Nada corrompe mais certamente o gosto! Estamos perdidos, caros amigos, se voltam a ser amadas as belas melodias!...

Princípio básico: a melodia é imoral. *Demonstração*: Palestrina.[25] *Aplicação prática*: Parsifal. A ausência de melodia chega a santificar...

E eis a definição de paixão. Paixão — ou a ginástica do feio na corda da enarmonia. — Ousemos ser feios, caros amigos! Wagner ousou! Vamos revolver intrepidamente a lama das mais ingratas harmonias! Não poupemos as mãos! Somente assim nos tornamos *naturais*...

Um último conselho, que talvez resuma tudo. — Sejamos *idealistas*! Isto é, se não a coisa mais sagaz, certamente a mais sábia que podemos fazer. Para elevar os homens, é preciso ser excelso. Vaguemos por entre as nuvens, aliciemos o infinito, disponhamos ao redor os grandes símbolos! *Sursum! Bumbum!* — não há conselho melhor. O "peito dilatado" seja nosso argumento, o "belo sentimento" nosso porta-voz. A virtude prevalece até mesmo em relação ao contraponto. "Como não seria bom aquele que nos faz melhor?", assim raciocinou desde sempre a humanidade. Então melhoremos a humanidade! — é o meio de tornar-se bom (de tornar-se até mesmo "clássico" — Schiller tornou-se "clássico"). A procura pelo baixo excitamento dos sentidos, pela assim chamada beleza, tirou o nervo aos italianos: continuemos alemães! Mesmo a relação de Mozart com a música — disse Wagner para nos confortar — era, no fundo, frívola... Não admitamos jamais que a música "sirva à recreação"; que "distraia"; que "dê prazer". *Jamais devemos dar prazer!* Estamos perdidos, se houver um retorno da concepção hedonista da arte... Isto é péssimo século XVIII... Contra isso nada seria mais aconselhável, diga-se de passagem, que uma dose de — *hipocrisia, sit venia verbo* [com perdão da palavra]. Isso empresta dignidade. E escolhamos a hora em que convém lançar olhares negros, suspirar abertamente, suspirar cristãmente, pôr à mostra a grande compaixão cristã. "O homem está corrompido: quem o redime? *o que o redime?*" — Não vamos responder. Sejamos prudentes. Lutemos contra a nossa ambição, que gostaria de fundar religiões. Mas ninguém pode duvidar que *nós* o redimimos, que unicamente a *nossa* música redime... (ensaio de Wagner, "Religião e arte").

7. Basta! Basta! Receio que terão claramente reconhecido, sob esses traços alegres, a sinistra realidade — o quadro de um declínio da arte, um declínio também do artista. Este último, um declínio de caráter, poderia talvez ser expresso provisoriamente com esta fórmula: o músico agora se faz ator, sua arte se transforma cada vez mais num talento para *mentir*. Terei oportunidade (num capítulo da minha obra principal que levará o título de "Fisiologia da estética")[26] de mostrar mais detalhadamente como essa metamorfose geral da arte em histrionismo é uma expressão de degenerescência fisiológica (mais precisamente, uma forma de histerismo), tanto quanto cada corrupção e fraqueza da arte inaugurada por Wagner: por exemplo, a instabilidade da sua ótica, que obriga (a todo instante) a mudar de posição diante dela. Nada se compreende de Wagner, ao distinguir nele apenas um arbitrário jogo da natureza, um capricho e um acaso. Ele não era um gênio "incompleto", "desafortunado", "contraditório", como já foi dito. Wagner era algo *perfeito*, um típico *décadent*, no qual não há "livre-arbítrio", cada feição tem sua necessidade. Se algo é interessante em Wagner, é a lógica com que um defeito fisiológico progride passo a passo, de conclusão em conclusão, como prática e procedimento, como invasão nos princípios, como crise do gosto.

No momento me deterei apenas na questão do *estilo*. — Como se caracteriza toda *décadence* literária? Pelo fato de a vida não mais habitar o todo. A palavra se torna soberana e pula fora da frase, a frase transborda e obscurece o sentido da página, a página ganha vida em detrimento do todo — o todo já não é um todo.[27] Mas isto é uma imagem para todo estilo da *décadence*: a cada vez, anarquia dos átomos, desagregação da vontade, "liberdade individual", em termos morais — estendendo à teoria política, "direitos *iguais* para todos". A vida, a vivacidade mesma, a vibração e exuberância da vida comprimida nas mais pequenas formações, o resto *pobre* de vida. Em toda parte paralisia, cansaço, entorpecimento *ou* inimizade e caos: uns e outros saltando aos olhos, tanto mais ascendemos nas formas de organização. O todo já não vive absolutamente: é justaposto, calculado, postiço, um artefato.

Em Wagner se encontra no início a alucinação: não de sons, mas de gestos. Ele busca então a semiótica de sons para os gestos. Querendo admirá-lo, observemo-lo a trabalhar nisso: como separa, como obtém pequenas unidades, como as anima, lhes dá relevo e as torna visíveis. Mas aqui se esgota sua força: o resto nada vale. Como é pobre, leigo e canhestro o seu modo de "desenvolver", sua tentativa de fazer entrelaçar o que não se teceu naturalmente! Suas maneiras lembram nisso as dos *frères* Goncourt,[28] que em geral são próximos ao estilo de Wagner: sente-se quase compaixão por tamanha escassez. O fato de Wagner travestir em um princípio a sua incapacidade de criar formas orgânicas, o fato de ele decretar um "estilo dramático", onde decretamos apenas a sua inaptidão para um estilo qualquer, corresponde a um ousado costume que sempre o acompanhou: ele estabelece um princípio onde lhe falta uma faculdade (— à diferença do velho Kant, diga-se de passagem, que amava uma *outra* ousadia: estabelecer no homem uma "faculdade", onde a ele, Kant, faltava um princípio...). Repetindo: Wagner é admirável e encantador somente na invenção do mínimo, na criação do detalhe — nisso terá toda a razão quem o proclamar um mestre de primeira ordem, nosso maior *miniaturista* da música, que num espaço mínimo concentra uma infinitude de sentido e doçura. Sua riqueza de cores, de penumbras, de segredos da luz agonizante, vicia de tal modo, que em seguida os outros músicos parecem demasiado robustos. — Se querem me dar crédito, não se deveria julgar Wagner por aquilo que hoje agrada nele. Isso foi inventado para convencer as massas, diante disso nos sobressaltamos, como à vista de um afresco demasiado impudente. Que importância tem para nós a exasperante brutalidade da abertura de *Tannhäuser*? Ou o circo da *Valquíria*? Tudo o que da música de Wagner se tornou popular, também fora do teatro, é de gosto dúbio e corrompe o gosto. A marcha de *Tannhäuser* parece-me suspeita de bonomia; a abertura do *Navio fantasma* é algum barulho por nada; o prelúdio de *Lohengrin* deu o primeiro exemplo, um tanto insidioso, um tanto evidente, de como hipnotizar também com a música (não me agrada a música cuja ambição não vai além de persuadir os nervos). Mas, não considerando o Wagner magnetizador e pintor de afrescos, há ainda um outro Wagner, que acumula pequenas preciosidades: nosso grande melancólico da música, cheio de olhares, branduras e palavras de consolo que ninguém anunciara, o mestre nos tons de uma felicidade sombria e lânguida... Um léxico das mais íntimas palavras de Wagner, pequenas coisas de cinco a dez compassos, pura música que *ninguém conhece*... Wagner tinha a virtude dos *décadents*, a compaixão.

8. — "Muito bem! Mas *como* se pode estragar o gosto com esse *décadent*, não sendo por acaso um músico, não sendo por acaso também um *décadent*?" — Pelo contrário! Como não se pode? Tentem fazê-lo. — Não sabem quem é Wagner: um grandíssimo ator! Existe no teatro influência mais profunda, de maior *peso*? Observem esses jovens — tesos, pálidos, inertes! São wagnerianos; nada entendem de música — e no entanto Wagner os domina... A arte de Wagner pressiona como cem atmosferas: dobrem-se, não há outra coisa a fazer... O ator Wagner é um tirano, seu *pathos* derruba qualquer gosto, qualquer resistência. — Quem possui tal força persuasiva nos gestos, quem, senão ele, vê os gestos tão seguramente e antes de tudo? A maneira como o *pathos* wagneriano retém seu fôlego, o não-querer-livrar-se de um sentimento extremo, a aterradora *demora* em estados em que só o instante já sufoca!

Era Wagner de fato um músico? Em todo caso, ele era algo *mais*: um incomparável *histrio*, o maior mímico, o mais espantoso gênio teatral que tiveram os alemães, nosso *encenador par excellence*. Ele pertence a outro lugar, não à história da música: não se deve confundi-lo com os grandes da música. Wagner *e* Beethoven: isto é uma blasfêmia — e por fim uma injustiça mesmo para com Wagner... Também como músico ele foi apenas o que foi absolutamente: ele *tornou-se* músico, *tornou-se* poeta porque o tirano dentro dele, seu gênio de ator, a isso o obrigou. Nada se percebe de Wagner, enquanto não se perceba o seu instinto dominante.

Wagner *não* era músico por instinto. Ele o demonstrou ao abandonar toda lei e, mais precisamente, todo estilo na música, para dela fazer o que ele necessitava, uma retórica teatral, um instrumento da expressão, do reforço dos gestos, da sugestão, do psicológico-pitoresco. Nisso podemos tê-lo como inventor e inovador de primeira ordem — *ele aumentou desmesuradamente a capacidade de expressão da música*: ele é o Victor Hugo da música como linguagem.[29] Sempre com o pressuposto de se ter como válido que a música *possa*, em dadas circunstâncias, não ser música, porém linguagem, instrumento, *ancilla dramaturgica* [criada da dramaturgia]. A música de Wagner, sem a proteção do gosto teatral — um gosto muito tolerante —, é simplesmente música ruim, talvez a pior que jamais se tenha feito. Quando um músico não consegue mais contar até três, torna-se "dramático", torna-se "wagneriano"...

Wagner praticamente descobriu que magia se pode exercer ainda com uma música decomposta e, por assim dizer, tornada *elementar*. Sua consciência disso é quase inquietante, tal como sua percepção instintiva de não carecer das leis superiores, do *estilo*. O elementar *basta* — som, movimento, cor, em suma, a sensualidade da música. Wagner não calcula jamais como músico, a partir de alguma consciência musical: ele quer o efeito, nada senão o efeito. E conhece aquilo sobre o qual quer agir! — Nisso ele é tão inconsiderado como Schiller, como todo homem de teatro, e possui o mesmo desprezo pelo mundo que tem a seus pés!... Alguém é ator pelo fato de ter *uma* percepção à frente dos outros homens: o que deve ter efeito de verdade não pode ser verdadeiro. Esta frase foi dita por Talma:[30] ela contém toda a psicologia do ator, ela contém — não duvidemos! — também a sua moral. A música de Wagner nunca é verdadeira.

— Mas *é tida como verdadeira*: e assim tudo está em ordem.

Enquanto se é ingênuo, e além disso wagneriano, considera-se Wagner um prodígio de opulência e dissipação, um latifundiário no reino do som. Admira-se nele o que os jovens franceses admiram em Victor Hugo, a "magnanimidade real". Depois admira-se tanto um como outro por motivos inversos: como mestres e modelos de economia, como anfitriões *sagazes*. Ninguém se lhes compara, em matéria de apresentar uma mesa principesca com dispêndio modesto. — O wagneriano, com seu estômago crédulo, chega a saciar-se do alimento que o mestre o faz enxergar. Nós, porém, que dos livros e da música exigimos sobretudo *substância*, estamos mal servidos em mesas apenas "representadas", e nos vemos em situação pior. Falando mais claro: Wagner não nos dá o bastante para mastigar. Seu *recitativo* — pouca carne, alguns ossos e muito caldo —, eu o batizei de *alla genovese*: com o que não pretendo ter lisonjeado os genoveses, absolutamente, mas sim o *velho recitativo*, o *recitativo secco*. No que toca ao *leitmotiv* de Wagner, falta-me toda compreensão culinária. Sendo pressionado, eu o reconheceria talvez como palito de dentes ideal, como oportunidade de livrar-se de *restos* de comida. Restam as árias de Wagner. — E agora não direi mais palavra.

9. Também ao esboçar o enredo Wagner é sobretudo ator. O que primeiro lhe ocorre é uma cena de efeito absolutamente seguro, uma autêntica *actio** com um alto-relevo de gestos, uma cena que *transtorna* — esta ele pensa em profundidade, dela é que tira os personagens. Todo o resto vem disso, conforme uma economia técnica que não tem motivos para ser sutil. *Não é o* público de Corneille que Wagner deve poupar: apenas um século XIX. Acerca da "única coisa necessária" Wagner pensaria aproximadamente o mesmo que um ator de hoje: uma série de cenas fortes, cada uma mais forte que a outra — e, entre elas, muita estupidez *sagaz*. Ele inicialmente procura garantir para si mesmo o efeito de sua obra, começa com o terceiro ato, *prova* para si a obra pelo seu efeito final. Tendo por guia um tal sentido de teatro, não se corre o perigo de inadvertidamente criar um drama. O drama requer a lógica *dura*: mas que importava para Wagner a lógica? Repetindo: *não é* o público de Corneille que ele tinha de poupar: apenas alemães! Sabe-se que problema técnico faz o dramaturgo aplicar toda a energia e frequentemente suar sangue: dar *necessidade* aos nós do enredo e também à solução, de sorte que as duas coisas sejam possíveis apenas de um único modo, deem a impressão de liberdade (princípio

---

* *Observação*. Foi uma verdadeira desgraça, para a estética, que sempre se tenha traduzido a palavra "drama" por "ação" [*Handlung*]. Não é apenas Wagner que erra nesse ponto; todo o mundo está em erro; mesmo os filólogos, que deveriam saber mais acerca disso. O drama antigo visava cenas de grande *pathos* — excluía precisamente a ação (deslocava-a para *antes* do começo ou *atrás* da cena). A palavra "drama" é de origem dórica: e conforme o uso dos dórios significa "evento", "história", ambas no sentido hierático. O mais antigo drama representava a lenda do lugar, a "história sagrada" em que se baseava a fundação do culto (— não um fazer, portanto, mas um suceder: drân, em dórico, não significa absolutamente "fazer"). (N. A.)

do menor dispêndio de energia). Ora, isso é o que menos fez Wagner suar sangue; está fora de dúvida que ele despende o mínimo de energia com nós e resolução. Tomemos qualquer "nó" de Wagner e o examinemos ao microscópio — será inevitável rir, aposto. Nada mais divertido que o nó de Tristão, a menos que seja o dos *Mestres cantores*. Wagner *não é* um dramaturgo, não nos deixemos enganar. Ele amava o termo "drama": isso é tudo — ele sempre amou as belas palavras. Todavia, a palavra "drama", nos seus escritos, é apenas um mal-entendido (— e uma esperteza: Wagner sempre afetou superioridade ante a palavra "ópera" —); mais ou menos como a palavra "espírito", no Novo Testamento, não passa de um mal-entendido. — Ele não era psicólogo bastante para o drama; fugia instintivamente à motivação psicológica — como? colocando sempre a idiossincrasia no lugar dela... Muito moderno, não? muito parisiense! muito *décadent*!... Os *nós* que Wagner realmente sabe desatar, com ajuda de invenções dramáticas, são de espécie bem diferente, diga-se de passagem. Darei um exemplo. Suponhamos que Wagner necessite de uma voz feminina. Um ato inteiro *sem* voz de mulher — não é possível! Mas nenhuma das "heroínas" está livre no momento. Que faz Wagner? Ele emancipa a mais velha mulher do mundo, Erda: "Levante-se, velha avó! A senhora tem de cantar!". Erda canta.[31] Wagner alcançou seu propósito. Imediatamente elimina a velha senhora. "Para que surgiu mesmo? Retire-se! Tenha a bondade de continuar dormindo!" — Em suma: uma cena repleta de calafrios mitológicos, que dá *pressentimentos* ao wagneriano...

— "Mas o *conteúdo* dos textos de Wagner! seu conteúdo mítico, seu conteúdo eterno!" — Pergunta: como se testa esse conteúdo, esse eterno conteúdo? — O químico responde: traduzam Wagner para o real, para o moderno, — sejamos ainda mais cruéis! Para o burguês! O que sucede então a Wagner? — Cá entre nós, eu experimentei fazer isso. Nada mais ameno, nada mais recomendável para passeios do que contar Wagner em escala *menor*:[32] por exemplo, Parsifal como estudante de teologia, tendo cursado o ginásio (— isto sendo indispensável para a *pura tolice*). Que surpresas não temos então! Acreditam vocês que as heroínas wagnerianas, todas e cada uma delas, chegam a se confundir com Madame Bovary, tão logo lhes retiramos a casca heroica? E inversamente se compreende que Flaubert *poderia* ter traduzido sua heroína em escandinavo ou cartaginês e a oferecido então a Wagner, mitologizada, como libreto. Sim, em geral Wagner parece não ter se interessado por outros problemas que não aqueles que hoje interessam aos pequenos *décadents* de Paris. Sempre a alguns passos do hospital! Problemas bem modernos, bem *metropolitanos*! não tenham dúvida!... Já perceberam (é parte desta associação de ideias) que as heroínas de Wagner jamais têm filhos? Elas não *podem*... O desespero com que Wagner atacou o problema de fazer Siegfried nascer revela como eram *modernos* seus sentimentos nesse ponto. — Siegfried "emancipa a mulher" — mas sem esperança de progenitura. — Por fim, um fato que nos desconcerta: Parsifal é o pai de Lohengrin! Como é que ele fez isso? Devemos lembrar-nos de que "a castidade opera *milagres*"?...

Wagnerus dixit princeps in castitate auctoritas [Dito por Wagner, a autoridade maior em castidade].

10. Uma palavra sobre os escritos de Wagner: eles são, entre outras coisas, uma escola de *sagacidade*. O sistema de procedimentos que Wagner manipula pode ser aplicado a uma centena de outros casos — quem tem ouvidos, ouça. Talvez eu tenha direito ao reconhecimento público, se der uma formulação precisa dos três mais valiosos procedimentos.

Tudo o que Wagner *não* pode fazer é condenável.

Wagner poderia fazer bem mais: mas não quer — por rigor de princípios.

Tudo o que Wagner *pode* fazer, ninguém imitará, ninguém mostrou-lhe como fazer, não se *deve* imitar... Wagner é divino...

Essas três frases são a quintessência da literatura de Wagner; o resto é — "literatura".

— Até agora, nem toda música teve necessidade de literatura: convém procurar aqui a razão suficiente para isso. Seria que é muito difícil compreender a música de Wagner? Ou ele temia o oposto, que ela fosse compreendida muito facilmente — que não a achassem *difícil o bastante*? De fato, toda a sua vida ele repetiu uma frase: que sua música não significava apenas música! E sim mais! Infinitamente mais!... *"Não apenas música"* — músico algum fala assim. Digo mais uma vez, Wagner não era capaz de criar a partir do todo,[33] não tinha escolha, tinha que fazer fragmentos, "motivos", gestos, fórmulas, duplicações e centuplicações; ele permaneceu orador, enquanto músico — por isso *teve* que pôr o "isto significa" em primeiro plano. "A música é apenas um meio": esta era a sua teoria, esta era, sobretudo, a única *prática* para ele possível. Mas músico nenhum pensa desse modo. — Wagner precisava de literatura para convencer todo o mundo a levar seriamente, levar profundamente a sua música, "porque *significava* coisas infinitas"; durante a vida ele foi o comentador da "ideia". — O que significa Elsa? Mas não há dúvida: Elsa é o "inconsciente *espírito* do povo" (— "percebendo isto, tornei-me necessariamente um completo revolucionário" —).

Recordemos que Wagner era jovem no tempo em que Hegel e Schelling seduziam os espíritos; que ele adivinhou, que ele tocou com as mãos o que somente os alemães levam a sério — "a ideia", ou seja, algo obscuro, incerto, cheio de pressentimentos; que a clareza é uma objeção para os alemães, e a lógica, uma refutação. Com dureza, Schopenhauer acusou de desonesta a época de Hegel e de Schelling — com dureza, e também com injustiça: ele próprio, o velho falsário[34] pessimista, em nada foi mais "honesto" que seus contemporâneos mais famosos. Deixemos de fora a moral: Hegel é um *gosto*... E um gosto não só alemão, mas europeu! — Um gosto que Wagner compreendeu — a cuja altura ele se sentiu! o qual ele eternizou! — Ele apenas o aplicou à música — inventou para si um estilo de "significado infinito" — tornou-se o *herdeiro de Hegel*... A música como "ideia"— —.

E como foi compreendido Wagner! — A mesma espécie de homens que se exaltou com Hegel se exalta hoje com Wagner; na sua escola se *escreve* até hegeliano! — Foi compreendido sobretudo pelos jovens alemães. As palavras "infinito" e "significado" já bastavam para eles se sentirem incomparavelmente bem. *Não* foi pela música que Wagner atraiu os jovens, mas pela "ideia": — é o que há de enigmático em sua arte, o brincar de esconder-se atrás de centenas de símbolos, a policromia do ideal, o que seduz e conduz esses jovens a Wagner; é o seu gênio para formar nuvens, seu vaguear, voltear e arremessar pelos ares, seu em-toda-parte e em-nenhum-lugar, exatamente aquilo com que, a seu tempo, Hegel os conquistou e aliciou! — Em meio à multiplicidade, abundância e arbitrariedade de Wagner eles estão como justificados para si mesmos — "redimidos" —. Eles ouvem, trêmulos, como na arte dele os *grandes símbolos* que vêm de uma nebulosa distância ressoam com suave estrondo; eles não se irritam se nela as coisas ficam temporariamente cinza, medonhas e frias. Pois todos e cada um deles, como o próprio Wagner, têm *afinidade* com o mau tempo, o tempo alemão! Wotan é seu deus: mas Wotan é o deus do mau tempo... Eles estão certos, esses jovens alemães, tal como agora são: como *poderiam* eles sentir falta do que nós, outros, *nós*, *alciônicos*, sentimos falta em Wagner — *la gaya scienza*;[35] os pés ligeiros; engenho,[36] fogo, graça; a grande lógica; a dança das estrelas; a espiritualidade petulante; os tremores de luz do Sul; o mar *liso* — perfeição...

11. — Já expliquei qual o lugar de Wagner — *não* é na história da música. No entanto, que significa ele nessa história? *A ascensão do ator na música*: um acontecimento capital, que dá o que pensar, e talvez também o que temer. Expresso numa fórmula: "Wagner e Liszt". A retidão dos músicos, a sua "autenticidade", jamais foi posta à prova de modo assim tão perigoso. É uma coisa evidente: o grande sucesso, o sucesso de massa, não está mais com os autênticos — é preciso ser ator para obtê-lo! — Victor Hugo e Richard Wagner — eles significam a mesma coisa: que em culturas em declínio, onde quer que as massas tenham a decisão, a autenticidade se torna supérflua, desvantajosa, inconveniente. Apenas o ator ainda desperta o *grande* entusiasmo. — Com isso chega, para o ator, a *idade de ouro* — para ele e para todos afins à sua espécie. Com flautas e tambores, Wagner marcha à frente de todos os artistas da exposição, da representação, do virtuosismo; de início ele convenceu os chefes de orquestra, os maquinistas e os cantores. Sem esquecer os músicos de orquestra: — ele os "redimiu" do tédio... O movimento que Wagner criou alastra-se até mesmo para o campo do conhecimento: disciplinas inteiras a ele aparentadas emergem lentamente de séculos de escolástica. Para dar um exemplo, destaco em especial os méritos de *Riemann*[37] no tocante à rítmica, o primeiro a estabelecer a validade do conceito de pontuação também na música (infelizmente com uma palavra feia: ele o chama de "fraseamento" [*Phrasierung*]). Estes são, reconheço gratamente, os melhores entre os admiradores de Wagner, os mais dignos de respeito — eles simplesmente têm razão em admirar Wagner. O mesmo instinto une uns aos outros, enxergam nele o seu tipo mais elevado, sentem-se transformados em potência, em grande potência, desde que ele os inflamou com seu próprio ardor. Pois foi nisso, se foi em algum ponto, que a influência de Wagner mostrou-se realmente *benéfica*. Nunca se pensou, se pretendeu e se trabalhou tanto nessa esfera. Wagner imbuiu todos esses artistas de uma nova consciência: o que agora requerem de si, *exigem* de si, jamais requereram de si antes de Wagner — eram demasiado modestos para isso. Um novo espírito vigora no teatro, desde que o espírito de Wagner o governa: exige-se o mais difícil, repreende-se duramente, raramente se louva — o bom, o excelente é tido como regra. Gosto não é mais necessário; nem mesmo voz. Canta-se Wagner apenas com voz arruinada: o efeito disso é "dramático". Mesmo o talento é excluído. O *espressivo*[38] a todo custo, tal como exige o ideal wagneriano, o ideal da *décadence*, combina mal com o talento.

Pede apenas *virtude* — isto é, treino, automatismo, "abnegação". Nem gosto, nem voz, nem talento: o palco de Wagner precisa somente de uma coisa — *teutões*!... Definição do teutão: obediência e pernas longas... É algo de profunda significação que o aparecimento de Wagner coincida com o do *Reich*[39]: os dois eventos provam a mesma coisa: obediência e pernas longas. — Jamais se obedeceu tão bem, jamais se comandou tão bem. Os chefes de orquestra wagnerianos, em particular, são dignos de uma era que a posteridade um dia chamará, com timorata reverência, de *era clássica da guerra*. Wagner sabia comandar; também nisso foi grande mestre. Ele comandava como implacável vontade de si, como disciplina duradoura de si: Wagner, que oferece talvez o maior exemplo de autoviolentação na história das artes (— mesmo Alfieri,[40] de resto seu parente mais próximo, é superado. Observação de um turinense).

12. Perceber que nossos atores são mais dignos de admiração do que nunca não significa ignorar-lhes a periculosidade... Mas quem ainda tem dúvidas quanto ao que quero — quanto às *três exigências* a que desta vez minha ira, minha preocupação, meu amor à arte deram voz?

Que o teatro não se torne senhor das artes.
Que o ator não se torne sedutor dos autênticos.
Que a música não se torne uma arte da mentira.

Friedrich Nietzsche

PÓS-ESCRITO

— A seriedade das últimas palavras me autoriza a publicar, neste ponto, algumas frases de um trabalho inédito, que ao menos não deixam dúvidas quanto à minha seriedade neste assunto. Esse trabalho é intitulado: *O preço que pagamos por Wagner.*

A adesão a Wagner custa caro. A respeito disso, um obscuro sentimento existe ainda hoje. Mesmo o sucesso de Wagner, sua *vitória*, não arrancou pela raiz este sentimento. Mas antes ele era forte, era terrível, era como um sombrio ódio — por quase três quartos da vida de Wagner. A resistência que ele encontrou em nós, alemães, não pode ser estimada e reverenciada o bastante. Resistia-se a ele como a uma doença, *não* com motivos — não se refuta uma doença —, mas com inibição, suspeita, contrariedade, desgosto, com negra seriedade, como se nele um grande perigo espreitasse. Os senhores teóricos da estética se desmascararam quando, vindo de três escolas da filosofia alemã, fizeram uma absurda guerra com "se" e "pois" aos princípios de Wagner — que importava a ele princípios, mesmo os próprios! — Os alemães mesmos tiveram suficiente razão nos instintos para se proibir todo "se" e "pois". Um instinto fica debilitado quando racionaliza a si mesmo: pois *ao* racionalizar a si mesmo se debilita. Havendo indícios de que, não obstante o caráter geral da *décadence* europeia, subsiste na natureza alemã um certo grau de saúde, um faro instintivo para o que é nocivo e ameaçador, esta *surda* resistência a Wagner é, entre eles, o que eu menos gostaria de ver subestimado. Ela nos honra, ela permite até mesmo uma esperança: tanta saúde a França não teria mais a esbanjar. Os alemães, os *retardadores* por excelência na história, são hoje o mais atrasado entre os povos de cultura[41] da Europa: isso tem sua vantagem — de tal modo são relativamente *o mais jovem.*

A adesão a Wagner custa caro. Apenas recentemente os alemães desaprenderam uma espécie de temor a ele — a vontade de *livrar-se dele* lhes vinha em cada ocasião.* — Ainda é lembrada uma curiosa circunstância em que mais uma vez, bem no final, bem inesperadamente, esse velho sentimento reapareceu? Ocorreu no funeral de Wagner que a primeira Sociedade Wagner alemã, a de Munique, depositou em seu túmulo uma coroa, cuja *inscrição* tornou-se imediatamente famosa. "Redenção para o Redentor!" — dizia ela. Todos admiraram a elevada inspiração que havia ditado essa frase, assim como o gosto que era prerrogativa dos seguidores de Wagner: mas muitos (coisa singular!) fizeram-lhe a mesma pequena correção: "Redenção *do* Redentor!" — Respiramos aliviados. —

A adesão a Wagner custa caro. Vamos avaliá-lo por seu efeito na cultura. A quem o seu movimento pôs em primeiro plano? O que cultivou e multiplicou sempre? — Antes de tudo a presunção do leigo, do imbecil em arte. Esse organiza agora associações, esse quer impor seu "gosto", esse gostaria mesmo de fazer-se juiz *in rebus musicis et musicantibus* [em matéria de música e músicos]. Em segundo lugar: uma indiferença cada vez maior face a todo treinamento severo, nobre e conscien-

---

* *Observação*. Era Wagner realmente alemão? Há motivos para essa pergunta. É difícil encontrar nele algum traço alemão. Como alguém que muito aprendia, ele aprendeu a imitar muita coisa alemã — isso é tudo. Sua própria natureza *contradiz* o que até hoje se percebeu como alemão: para não falar dos músicos alemães! — Seu pai era um ator de nome Geyer. Um *Geyer* [abutre] já é quase um *Adler* [águia]... Isso que até agora foi posto em circulação como "vida de Wagner" é *fable convenue* [fábula convencionada], se não algo pior. Admito minha desconfiança de tudo o que é atestado somente pelo próprio Wagner. Ele não tinha orgulho suficiente para qualquer verdade sobre si, ninguém era menos orgulhoso; exatamente como Victor Hugo, ele continuou fiel a si mesmo também em questões biográficas — continuou ator. (N. A.) [Adler é um sobrenome comum entre os judeus; a ironia de Nietzsche se deve ao notório antissemitismo de Wagner. Mas hoje se sabe que Ludwig Geyer não tinha ascendência judaica, e tampouco é certo que ele fosse o pai de Wagner. Nietzsche hesitou em conservar esta nota, como mostram as cartas de agosto de 1888, no final deste volume.]

cioso a serviço da arte; em vez disso, a crença no gênio ou, em bom alemão: o diletantismo insolente (— a fórmula se acha nos *Mestres cantores*). Por último e pior: *a teatrocracia* —, o desvario de uma fé na *preeminência* do teatro, num direito à *supremacia* do teatro sobre as artes, sobre a arte... Mas é preciso dizer cem vezes aos wagnerianos o que o teatro *é*: sempre algo *abaixo* da arte, sempre algo secundário, tornado grosseiro, algo torcido, ajeitado, mentido para as massas! Também Wagner nada mudou nisso: Bayreuth[42] é ópera grandiosa — e nem sequer *boa* ópera... O teatro é uma forma de demolatria[43] em matéria de gosto, o teatro é uma rebelião das massas, um plebiscito *contra* o bom gosto... *É precisamente isto o que demonstra o caso Wagner*: ele ganhou a multidão — ele estragou o gosto, ele estragou[44] até para a ópera o nosso gosto! —

A adesão a Wagner custa caro. O que faz ela do nosso espírito? *Wagner liberta o espírito?* É próprio dele toda ambiguidade, todo duplo sentido, tudo o que persuade os incertos, sem torná-los conscientes *do que* são persuadidos. Desse modo, Wagner é um sedutor em grande estilo. Nada existe de cansado, de caduco, de vitalmente perigoso e de caluniador do mundo, entre as coisas do espírito, que a sua arte não tenha secretamente tomado em proteção — é o mais negro obscurantismo, o que ele esconde nos mantos de luz do ideal. Ele incensa todo instinto niilista (— budista), e o transveste em música, ele incensa todo cristianismo, toda forma de expressão religiosa da *décadence*. Abram seus olhos: tudo o que jamais cresceu no solo da vida *empobrecida*, toda a falsificação que é a transcendência e o Além[45] tem na arte de Wagner o seu mais sublime advogado — *não* por fórmulas: Wagner é muito sagaz para se exprimir em fórmulas —, mas por uma persuasão da sensualidade, que por sua vez torna o espírito cansado e gasto. A música como Circe... Nisto o seu último trabalho é sua maior obra-prima. Na arte da sedução o *Parsifal* sempre manterá a sua categoria, como o *golpe de gênio* em matéria de sedução... Eu admiro essa obra, gostaria de tê-la realizado eu mesmo; à falta disso, *eu a compreendo*... Wagner nunca esteve mais inspirado do que no fim. O refinamento na conjunção de beleza e enfermidade vai tão longe aí, que ela quase põe na sombra a arte anterior de Wagner: — que fica parecendo clara demais, sadia demais. Compreendem isso? A saúde, a claridade tendo efeito de sombra? quase como *objeção*?... A tal ponto já nos tornamos *puros tolos*...[46] Jamais houve um mestre maior em vagos aromas hieráticos — jamais viveu um conhecedor igual de todos os *ínfimos* infinitos, todos os tremores e transes, todos os feminismos do dialeto[47] da felicidade! — Bebam, meus amigos, bebam os filtros dessa arte! Em nenhuma outra parte acharão modo mais agradável de enervar seu espírito, de esquecer sua virilidade sob um arbusto de rosas... Ah, esse velho mago! Esse Klingsor de todos os Klingsors![48] Como ele assim faz a guerra contra *nós*! nós, os espíritos livres! Como ele indulgencia toda covardia da alma moderna, com seus tons de feiticeira![49] — Jamais houve um tal *ódio mortal* ao conhecimento! — É preciso ser cínico para não se deixar seduzir; é preciso ser capaz de morder, para não cair em adoração. Muito bem, velho sedutor! O cínico te adverte — *cave canem*...[50]

A adesão a Wagner custa caro. Eu observo os jovens que ficaram longamente expostos a essa infecção. O efeito mais imediato, relativamente inofensivo, é a corrupção do gosto. Wagner atua como a ingestão continuada de álcool. Ele embota, ele obstrui o estômago. Efeito específico: degeneração do senso rítmico. O wagneriano denomina "rítmico", afinal, o que eu, usando um provérbio grego, chamo de "mover o pântano". Bem mais perigosa é a corrupção dos conceitos. O jovem se torna um imbecil — um "idealista". Está além da ciência; nisto se acha à altura do mestre. E faz-se de filósofo; escreve *Folhas de Bayreuth*; resolve todos os problemas em nome do Pai, do Filho e do Mestre Santo.[51] O mais inquietante, porém, é a corrupção dos nervos. Percorra-se uma cidade à noite: em toda parte se ouve[52] instrumentos violentados com solene furor — gritos selvagens mesclam-se a eles. Que sucede? — Os jovens adoram a Wagner... Bayreuth lembra um asilo hidroterápico. — Típico telegrama de Bayreuth: *bereits bereut* [já me arrependi]. —Wagner é ruim para os jovens; é fatídico para as mulheres. O que é, clinicamente falando, uma wagneriana? — Parece-me que toda a seriedade é pouca, quando um médico põe esta alternativa de consciência para uma jovem mulher: um *ou* outro. — Mas elas já escolheram. Não se pode servir a dois senhores, quando um deles se chama Wagner. Ele redimiu a mulher; em troca, a mulher construiu-lhe Bayreuth. Completo sacrifício, completa devoção: nada tem que não possa lhe dar. A mulher se empobrece em favor do mestre, torna-se comovente, fica nua diante dele. — A wagneriana — a mais graciosa ambiguidade que existe atualmente: ela *encarna* a causa de Wagner — no signo dela *triunfa* a causa dele... Ah, esse velho saqueador! Ele nos rouba os jovens, ele rouba até nossas mulheres e as arrasta para a sua caverna... Ah, esse velho Minotauro![53] O que já nos custou! A cada ano são levados cortejos das mais belas jovens e rapazes ao seu labirinto, para que ele os devore — a cada ano a Europa inteira entoa: "para Creta! para Creta!"...[54]

SEGUNDO PÓS-ESCRITO

— Ao que parece, minha carta se presta a um mal-entendido. Em alguns rostos mostram-se as linhas da gratidão; ouço até mesmo um júbilo moderado. Neste ponto, como em muitos outros, eu prefiro ser compreendido. — Mas desde que um novo bicho ataca nas vinhas do espírito alemão, o verme do Império, a famosa *Rhinoxera*,[55] já não se compreende nenhuma palavra minha. O *Kreuzzeitung* mesmo demonstra isso, sem falar do *Literarisches Zentralblatt*. — Dei aos alemães os mais profundos livros que eles possuem — razão suficiente para que não me entendam palavra... Se neste escrito faço guerra a Wagner — e, incidentalmente, a um "gosto" alemão —, se tenho palavras duras para o cretinismo bayreuthiano, a última coisa que desejo é celebrar *qualquer outro* músico. *Outros* músicos não contam diante de Wagner. A situação está feia. O declínio é geral. A doença vai fundo. Se Wagner continua sendo o nome para a *ruína da música*, como Bernini[56] o é para a ruína da escultura, ele não é a causa disso, porém. Ele apenas lhe acelerou o *tempo* — de maneira tal, sem dúvida, que ficamos horrorizados ante esse súbito precipitar-se abismo abaixo. Ele tinha a ingenuidade da *décadence*: esta era a sua superioridade. Ele cria nela, não se detém ante nenhuma lógica da *décadence*. Os outros *hesitam* — isso os diferencia. Nada mais!... O que há em comum entre Wagner e "os outros" — vou enumerar: a diminuição da força organizadora; o mau uso dos meios tradicionais, sem a capacidade *justificadora*, o "a-fim-de";[57] a falsificação ao imitar grandes formas, para as quais ninguém hoje é bastante forte, orgulhoso, seguro de si, *saudável*; a vivacidade excessiva no que é ínfimo; o afeto a todo custo; o refinamento como expressão da vida *empobrecida*; cada vez mais, nervos no lugar da carne. — Conheço apenas um músico que ainda hoje é capaz de esculpir uma abertura a partir de *uma peça inteira*: e ninguém o conhece...[58] Quem atualmente é famoso não faz, em comparação a Wagner, música "melhor", mas apenas mais indecisa, apenas mais indiferente: — mais indiferente, porque a metade é suprimida pelo fato de *o todo estar presente*. Mas Wagner era todo; mas Wagner era toda a corrupção; mas Wagner era o ânimo, a vontade, a *convicção* na corrupção — que importa Johannes Brahms?... Sua fortuna foi um mal-entendido alemão: tomaram-no por antagonista de Wagner — *necessitavam* de um antagonista! — Ele não faz música *necessária*, faz sobretudo música de mais! Quando não se é rico, deve-se ter orgulho bastante para ser pobre!... A simpatia que Brahms inegavelmente desperta aqui e ali, fora desse interesse partidário, mal-entendido partidário, por muito tempo foi um enigma para mim: até que finalmente, quase por um acaso, descobri que ele agia sobre um determinado tipo de gente. Ele tem a melancolia da incapacidade;[59] ele *não* cria a partir da abundância, ele *tem sede* da abundância. Não considerando o que ele imita, o que toma emprestado a grandes formas antigas ou exótico-modernas — é um mestre da cópia —, o que resta de mais propriamente seu é a *nostalgia*... Isto pressentem os nostálgicos, os insatisfeitos de toda espécie. Ele é muito pouco pessoa, muito pouco centro... Isto é compreendido pelos "impessoais", os periféricos — eles o amam por isso. Em especial ele é o músico de um tipo de mulher insatisfeita. Cinquenta passos adiante, e temos a wagneriana — precisamente como, cinquenta passos além de Brahms, encontramos Wagner—, a wagneriana, um tipo mais pronunciado, mais interessante, sobretudo *mais gracioso*. Brahms é tocante, enquanto secretamente se exalta ou chora de si mesmo — nisso é "moderno" —; torna-se frio, não mais nos diz respeito, quando *herda* dos clássicos... Gostam de se referir a Brahms como *o herdeiro* de Beethoven: não conheço mais cauteloso eufemismo. — Tudo o que na música de hoje reivindica ter "grande estilo" está sendo *ou* falso para conosco *ou* falso para consigo. Essa alternativa dá muito o que pensar: ela inclui uma casuística acerca do valor desses dois casos. "Falso para conosco": o instinto da maioria das pessoas protesta contra isso — elas não querem ser enganadas —; eu mesmo preferiria até esse tipo ao outro ("falso para *consigo*"). É este o *meu* gosto. — Expresso de modo mais inteligível, para os "pobres de espírito": Brahms — *ou* Wagner... Brahms *não é* ator. — Boa parte dos *outros* músicos pode ser incluída no conceito de Brahms. — Nada digo sobre os sagazes macacos de Wagner, sobre Goldmark, por exemplo: quem faz a *Rainha de Sabá*[60] deveria estar no zoológico — teria o que exibir. — Só o que é pequeno pode hoje ser feito bem, ser feito magistralmente. Apenas nisso é ainda possível a retidão. — Mas nada pode, *no* principal, curar a música do principal, da fatalidade de ser expressão da contradição fisiológica — de ser *moderna*. A melhor instrução, o mais consciencioso treino, a intimidade fundamental, até mesmo o isolamento na companhia dos velhos mestres — tudo isso permanece apenas atenuante, *ilusório*, falando com mais rigor, por não se ter dentro de si o pressuposto disso: seja a forte raça de um Händel, seja a transbordante animalidade de um Rossini. — Nem todos têm o *direito* a todo professor: isso vale para épocas inteiras. — Não se exclui a possibilidade de que *vestígios* de gerações mais fortes, homens tipicamente extemporâneos, ainda vivam em algum lugar da Europa: então poderíamos esperar também na música uma *tardia* beleza e perfeição. No melhor dos casos, o que ainda haveremos de experimentar são exceções. Mas da *regra* de que a corrupção predomina, de que a corrupção é fatal, nenhum deus há de salvar a música. —

EPÍLOGO

Retiremo-nos enfim por um instante, para respirar, do estreito mundo a que toda questão sobre o valor de *pessoas* condena o espírito. Um filósofo sente necessidade de lavar as mãos, após haver se ocupado tão longamente com o "caso Wagner". — Darei minha concepção do que é *moderno*. — Toda época tem, na sua medida de força, também uma medida de quais virtudes lhe são permitidas, quais proibidas. Ou tem as virtudes da vida *ascendente*: então resiste profundamente às virtudes da vida declinante. Ou é ela mesma uma vida declinante — então necessita também das virtudes do declínio, então odeia tudo o que se justifica apenas a partir da abundância, da sobre-riqueza de forças. A estética se acha indissoluvelmente ligada a esses pressupostos biológicos: há uma estética da *décadence*, há uma estética *clássica* — algo "belo em si" é uma quimera, como todo o idealismo. — Na esfera mais estreita dos chamados valores morais não se encontra oposição maior do que aquela entre uma *moral dos senhores* e a dos conceitos de valor *cristãos*: esta, aparecida num solo inteiramente mórbido (— os Evangelhos nos mostram exatamente os mesmos tipos fisiológicos descritos nos romances de Dostoiévski); a moral dos senhores ("romana", "pagã", "clássica", "Renascença"), ao contrário, sendo a linguagem simbólica da vida que vingou, que *ascende*, da vontade de poder como princípio da vida. A moral dos senhores *afirma* tão instintivamente como a cristã *nega* ("Deus", "além", "abnegação", puras negações). A primeira partilha a sua abundância com as coisas — transfigura, embeleza, *traz razão*[61] ao mundo —, a segunda empobrece, empalidece, enfeia o valor das coisas, *nega* o mundo. "Mundo" é um xingamento cristão. São *ambas* necessárias, tais formas contrárias na ótica dos valores: são maneiras de ver, em que razões e refutações não influem. Não se refuta o cristianismo, não se refuta uma doença dos olhos. Combater o pessimismo como uma filosofia foi o apogeu da estupidez erudita. As noções de "verdadeiro" e "não verdadeiro" não possuem, a meu ver, qualquer sentido na ótica. — A única coisa de que é preciso defender-se é a falsidade, a duplicidade de instinto que *não quer* sentir tais oposições como oposições: como não o quis Wagner, por exemplo, cuja maestria nessas falsidades não era pouca. Olhar de soslaio em direção à moral dos senhores, a moral *nobre* (— de que a saga islandesa é talvez o mais importante documento) e ao mesmo tempo enunciar a doutrina oposta, a do "evangelho dos humildes"!... Eu admiro, diga-se de passagem, a modéstia dos cristãos que vão a Bayreuth. Eu mesmo não toleraria certas palavras vindas da boca de um Wagner. Há conceitos que *não* têm relação com Bayreuth... Como? um cristianismo adaptado para wagnerianas, talvez *por* wagnerianas — pois Wagner, em seus velhos dias, absolutamente não era *feminini generis* — ? Repetindo, para mim os cristãos de hoje são modestos demais... Se Wagner era um cristão, então Liszt[62] era talvez um pai da Igreja! — A necessidade de *redenção*, a quintessência de todas as necessidades cristãs, nada tem a ver com tais bufões: é a mais honesta expressão da *décadence*, é a mais decidida e dolorosa afirmação dela, em forma de sublimes símbolos e práticas. O cristão quer *desvencilhar-se* de si mesmo. *Le moi est toujours haïssable* [O eu é sempre odioso].[63] — A moral nobre, a moral dos senhores, tem suas raízes num triunfante dizer-sim *a si* — é autoafirmação, autoglorificação da vida, necessita igualmente de sublimes símbolos e práticas, mas apenas "porque o coração lhe está muito cheio". Toda a arte *bela*, toda a arte *grande* está nisso: a essência das duas é gratidão. Por outro lado, não se pode excluir dela uma aversão instintiva aos *décadents*, um escárnio, mesmo um horror ao seu simbolismo: isso constitui quase a prova do que ela é. O romano nobre percebia o cristianismo como *foeda superstitio* [abominável superstição]: lembro como o último alemão de gosto nobre, como Goethe percebia a cruz.[64] É em vão que se procura oposições mais valiosas, *mais necessárias*...*

— Mas uma falsidade como a de Bayreuth não é exceção hoje em dia. Todos nós conhecemos o inestético conceito do *junker* cristão. Esta *inocência* entre opostos, esta "boa consciência" na mentira é algo *moderno* por excelência, a modernidade é quase que definida por isso. O homem moderno constitui, biologicamente, *uma contradição de valores*, ele está sentado entre duas cadeiras, ele diz Sim e Não com o mesmo fôlego. É de admirar que justamente em nossa época a falsidade se tenha feito carne e mesmo gênio? que Wagner "habitasse entre nós"? Não foi sem razão que chamei Wagner de Cagliostro[65] da modernidade... Mas todos nós carregamos, sem o saber e contra nossa vontade, valores, palavras, fórmulas, morais de procedências *contrárias* — somos *falsos*, psicologicamente considerados... Um *diagnóstico da alma moderna* — por onde começaria ele? Por uma resoluta incisão nesta contradição instintiva, pelo desvendamento de seus valores opostos, pela vivissecção do caso *mais instrutivo*. — O caso Wagner é para o filósofo um *caso de sorte*[66] — este escrito é, como veem, inspirado pela gratidão...

---

* *Observação*. A oposição entre "moral nobre" e "moral cristã" foi explicada inicialmente na minha *Genealogia da moral*: talvez não exista virada mais decisiva na história do conhecimento religioso e moral. Esse livro, minha pedra de toque para aqueles que estão do meu lado, tem a fortuna de ser acessível apenas aos mais elevados e mais rigorosos espíritos: ao resto faltam ouvidos para ele. É preciso ter sua paixão em coisas nas quais hoje em dia ninguém a tem... (N. A.)

Nietzsche contra Wagner
Dossiê de um psicólogo

PRÓLOGO

Os capítulos que seguem foram todos selecionados, não sem cautela, entre os meus escritos anteriores — alguns remontam a 1877 —, e retocados aqui e ali, sobretudo encurtados. Lidos um após o outro, não deixarão dúvida acerca de Richard Wagner e de mim; nós somos antípodas. Outras coisas ficarão claras: por exemplo, que este é um ensaio para psicólogos, mas *não* para alemães... Tenho leitores em toda parte, em Viena, em São Petersburgo, em Copenhague, Estocolmo, Paris, Nova York — só não os tenho nessa Terra Plana da Europa, a Alemanha...[67] E eu teria igualmente umas palavras a dizer no ouvido dos italianos, a quem eu *amo*, tanto quanto... *Quousque tandem, Crispi*...[68] *Triple alliance*: com o *Reich* um povo inteligente fará sempre uma *mésalliance*...[69]

Friedrich Nietzsche
Turim, Natal de 1888

O QUE ADMIRO

Acho que frequentemente os artistas não sabem o que fazem melhor: são vaidosos demais para isso. Colocam o sentido em algo mais soberbo do que parecem ser estas pequenas plantas que crescem no seu chão, novas, raras e belas, em real perfeição. O que afinal é bom, no jardim e na vinha que possuem, é superficialmente estimado por eles, seu amor e sua perspicácia não têm a mesma categoria. Eis um músico que, mais que qualquer outro, é um mestre em achar tonalidades no mundo das almas sofredoras, oprimidas, torturadas, e em dar voz também à muda miséria. Ninguém a ele se compara nas cores do outono tardio, na fortuna indescritivelmente tocante de uma última, derradeira, brevíssima fruição, ele conhece um timbre para as ocultas-inquietantes[70] meias-noites da alma, nas quais causa e efeito parecem fora dos eixos e a todo instante algo pode se originar "do nada". Ele sabe, de maneira mais feliz que outros, haurir o mais profundo da felicidade humana, como que o cálice esvaziado, onde finalmente, infernalmente, as gotas mais acres e amargas se juntaram às mais doces. Ele conhece a fadiga da alma que se arrasta, que já não pode saltar e voar, nem mesmo andar; ele tem o esquivo olhar da dor encoberta, da compreensão sem conforto, da despedida sem confissão; sim, como Orfeu de toda oculta miséria é maior que qualquer outro, e por ele é que foram acrescentadas à arte coisas que até então pareciam inexprimíveis e mesmo indignas da arte — as revoltas cínicas, por exemplo, de que somente o mais sofredor é capaz, assim como aspectos pequeníssimos e microscópicos da alma, escamas, por assim dizer, da natureza anfíbia desta —, ele é o *mestre* do pequeníssimo. Mas *não quer* sê-lo! Agradam ao seu caráter, isto sim, as grandes paredes e os temerários afrescos...

Não percebe que o seu espírito tem outro gosto e inclinação — uma ótica oposta — e prefere, mais do que tudo, ficar silenciosamente sentado nos cantos de casas desmoronadas: ali, escondido, escondido de si mesmo, ele pinta suas verdadeiras obras-primas, que são todas bem curtas, com frequência não indo além de um compasso — apenas então ele se torna inteiramente bom, grande e perfeito, talvez apenas então. — Wagner é alguém que sofreu profundamente — sua *prerrogativa* ante os outros músicos. — Eu admiro Wagner quando ele *põe a si mesmo* em música. —

NO QUE FAÇO OBJEÇÕES

Isto não significa que eu considere esta música sadia, sobretudo onde fala precisamente de Wagner. Minhas objeções à música de Wagner são fisiológicas; por que disfarçá-las em fórmulas estéticas? Afinal, a estética não passa de fisiologia aplicada. — Meu "fato", meu *"petit fait vrai* [pequeno fato verdadeiro]", é que já não consigo respirar direito, quando essa música me atinge; logo o meu *pé* se irrita com ela e se revolta: ele necessita de compasso, dança, marcha — ao som da *Kaisermarsch*, de Wagner, nem mesmo o jovem *Kaiser* pode marchar —, ele requer, da música, primeiramente as delícias do *bom* andar, caminhar, dançar. Mas também não protesta o meu estômago? meu coração? minha circulação? não se turvam minhas vísceras? Não fico inesperadamente rouco?... Para ouvir Wagner, necessito de pastilhas Gérandel... Então me pergunto; o que *quer* mesmo da música o meu corpo inteiro? Pois não existe alma... O seu próprio *alívio*, creio: como se todas as funções animais fossem aceleradas por ritmos leves, ousados, exuberantes, seguros de si; como se áureas ternas lisas melodias tirassem o peso da brônzea, plúmbea vida. Minha melancolia quer descansar nos esconsos e abismos da *perfeição*: para isso necessito de música. Mas Wagner torna doente. — Que me importa o teatro? as convulsões de seus êxtases "morais", em que o povo — e quem não é "povo"? — tem sua satisfação? e toda a gesticulação e *hocus pocus* dos atores? — Vê-se que sou essencialmente antiteatral; pelo teatro, essa *arte da massa* por excelência, sinto na alma o profundo escárnio que todo artista agora possui. *Sucesso* no teatro — com isso alguém decai na minha estima, até não--mais-ver; *insucesso* — então aguço o ouvido e começo a respeitar. Mas Wagner era o inverso; *ao lado* do Wagner que fez a música mais solitária que há, ele era também, essencialmente, homem do teatro e ator, o mais entusiástico "mimômano" que talvez tenha havido, *também como músico*... E, diga-se de passagem, se foi teoria de Wagner que "o drama é a finalidade, a música é apenas o meio" — sua *prática* foi, do início ao fim, "a atitude é a finalidade, o drama, e também a música, são apenas seus meios". A música como meio para explicitação, fortalecimento, interiorização do gesto dramático e da evidência sensível do ator; e o drama wagneriano, apenas uma oportunidade para muitas atitudes interessantes! — Além de todos os outros instintos, ele possuía completamente os instintos *de comando* de um grande ator: e, como disse, também como músico. — Isso tudo fiz claro, não sem grande esforço, para um wagneriano *pur sang* [puro sangue] — clareza e wagnerianos! não digo uma palavra mais. Havia razões para acrescentar: "Sejam um pouco mais honestos consigo mesmos! Nós não estamos em Bayreuth. Em Bayreuth se é honesto apenas como massa, como indivíduo se mente, mente-se para si mesmo. O indivíduo deixa a si mesmo em casa quando vai a Bayreuth, renuncia ao direito de ter a própria escolha, a própria língua, ao direito a seu gosto, mesmo a sua coragem, como a temos e exercitamos entre as nossas quatro paredes, em oposição a Deus e o mundo. Ninguém leva consigo ao teatro os mais finos sentidos da sua arte, menos ainda o artista que trabalha para o teatro — falta a solidão, o que é perfeito não suporta testemunhas... No teatro nos tornamos povo, horda, mulher, fariseu, gado eleitor, patrono, idiota — *wagneriano*: mesmo a consciência mais pessoal sucumbe à magia niveladora do grande número, o próximo governa, *tornamo-nos* próximo...".

WAGNER COMO PERIGO

1. A intenção que a nova música persegue com o que agora é denominado — de maneira vigorosa, porém imprecisa — "melodia infinita", pode ser esclarecida se imaginamos alguém que entra na água, aos poucos deixa de pisar seguramente no fundo e se entrega por fim à mercê do elemento; é preciso *nadar*. Na música anterior tinha-se, em gracioso, solene ou vivaz movimento, em rapidez e em lentidão, algo muito diferente a fazer, isto é, *dançar*. A medida necessária para isso, a observância de determinados graus equivalentes de tempo e força, exigia da alma do ouvinte uma contínua *ponderação* — no contraste entre essa mais fria corrente de ar, que vinha da ponderação, e o cálido bafejo do entusiasmo, baseava-se a magia de toda *boa* música. — Richard Wagner quis outra espécie de movimento — ele subverteu o pressuposto fisiológico da música anterior. Nadar, flutuar — não mais caminhar, dançar... Talvez esteja aí o essencial. A "melodia infinita" *quer* precisamente romper toda uniformidade de tempo e espaço, e até mesmo zomba dela por vezes — sua riqueza de invenção está justamente no que, para um ouvido mais velho, soa como paradoxia e blasfêmia rítmica. A imitação, o predomínio de um tal gosto resultaria em perigo para a música, como não se pode imaginar maior — a completa degeneração do sentimento rítmico, o *caos* no lugar do ritmo... O perigo chega ao ápice quando tal música se apoia cada vez mais numa histrionia e arte dos gestos inteiramente naturalista, não mais dominada por qualquer lei da plasticidade, que quer *efeito* e nada mais... O *espressivo* a todo custo e a música a serviço, tornada serva da atitude — *isto é o fim*...

2. Como? Seria realmente a principal virtude de uma execução, como agora parecem crer os artistas da execução musical, atingir sempre um alto-relevo que não seja superado? Aplicado a Mozart, por exemplo, isto não é o verdadeiro pecado contra o espírito de Mozart, o jovial, terno, entusiasta, enamorado espírito de Mozart, que por felicidade não era alemão e cuja seriedade é bondosa e dourada, *não* a seriedade de um filisteu alemão? Para não falar da seriedade do "convidado de pedra"...[71] Mas vocês acham que *toda* música é música do "convidado de pedra" — que *toda* música deve saltar da parede e abalar o ouvinte até as entranhas?... Só então a música teria *efeito*! — Mas sobre *quem* se dá esse efeito? Sobre algo em que um artista *nobre* jamais deve ter efeito — sobre a massa! os imaturos! os *blasés*! os doentios! os idiotas! os *wagnerianos*!...

UMA MÚSICA SEM FUTURO

Entre todas as artes que crescem no solo de determinada cultura, a música aparece como a última planta, talvez porque é a mais interior e, portanto, a que chega mais tarde — no outono, no fenecer da cultura que lhe é própria. Somente na arte dos mestres holandeses a alma da Idade Média cristã achou sua ressonância derradeira — sua arquitetura sonora é a irmã póstuma, porém legítima, do gótico. Somente na música de Händel ressoou o melhor da alma de Lutero e dos que lhe eram aparentados, o traço judaico-heroico que deu à Reforma um traço de grandeza — o Velho Testamento tornado música, *não* o Novo. Somente Mozart resgatou a época de Luís XIV e a arte de Racine e de Claude Lorrain[72] em ouro *sonante*; somente na música de Beethoven e de Rossini o século XVIII cantou derradeiramente, o século do entusiasmo, dos ideais partidos e da felicidade *fugaz*. Toda música vera, toda música original é canto de cisne. — Talvez a nossa música recente, embora domine e anseie dominar, tenha tão só um breve período à sua frente: pois ela se originou de uma cultura cujo solo afunda rapidamente — uma cultura dentro em pouco *afundada*. Um certo catolicismo do sentimento e um gosto em alguma natureza e desnatureza velha e nativa, chamada de "nacional", são seus pressupostos. A apropriação que fez Wagner de velhas sagas e canções, em que o preconceito erudito aprendera a enxergar algo germânico por excelência — hoje nós rimos disso —, a reviviscência desses monstros escandinavos, dotando-os de avidez por sensualidade arrebatada e dessensualização — todo esse dar e tomar de Wagner em relação a material, figuras, paixões e nervos, expressa claramente o *espírito de sua música* também, supondo que esta, como toda música, não saiba falar de si mesma sem ambiguidade: pois a música é uma *mulher*... A respeito disso, não devemos nos deixar enganar pelo fato de no instante vivermos precisamente a reação *no interior* da reação. A era das guerras nacionais, do martírio ultramontano, todo esse caráter *entreatos* da presente situação da Europa, pode realmente proporcionar a uma arte como a de Wagner uma glória repentina, sem com isso lhe garantir *um futuro*. Os alemães mesmos não têm futuro...

NÓS, ANTÍPODAS

Talvez seja lembrado, ao menos entre meus amigos, que de início me lancei sobre esse mundo moderno com alguns erros e superestimações, e em todo caso *com esperanças*. Eu compreendi — quem sabe a partir de que vivências pessoais? — o pessimismo filosófico do século XIX como sintoma de uma mais elevada força de pensamento, de uma mais vitoriosa abundância de vida, do que a que tivera expressão na filosofia de Hume, de Kant e de Hegel — eu vi no conhecimento *trágico* o mais belo luxo de nossa cultura, sua mais preciosa, mais nobre, mais perigosa espécie de esbanjamento, mas ainda seu luxo *permitido*, graças à sua opulência. Do mesmo modo, interpretei a música de Wagner como a expressão de uma potência dionisíaca da alma, nela acreditei ouvir o terremoto com que uma força primordial da vida, há muito represada, finalmente se desafoga, indiferente à possibilidade de que tudo o que hoje se denomina cultura comece a tremer. Vê-se o que entendi mal, vê-se também com o que *presenteei* Wagner e Schopenhauer — comigo mesmo... Toda arte, toda filosofia pode ser vista como remédio e socorro da vida em crescimento ou em declínio: elas pressupõem sempre sofrimento e sofredores. Mas existem dois tipos de sofredores, os que sofrem de *superabundância* de vida, que querem uma arte dionisíaca, e desse modo uma compreensão e perspectiva trágica da vida — e depois os que sofrem de *empobrecimento* de vida, que requerem da arte e da filosofia silêncio, quietude, mar liso, *ou* embriaguez, entorpecimento, convulsão. Vingança na vida mesma — a mais voluptuosa espécie de embriaguez para aqueles assim empobrecidos!... À dupla necessidade destes corresponde Wagner, bem como Schopenhauer — eles negam a vida, eles a caluniam, e assim são meus antípodas. — Aquele mais rico em plenitude de vida, o deus e homem dionisíaco, pode permitir-se não só a visão do terrível e discutível, mas mesmo o ato terrível e todo luxo de destruição, decomposição, negação — nele o mal, sem sentido e feio, aparece como sendo permitido, como aparece na natureza permitido, em virtude de um excedente de forças geradoras, restauradoras, capazes de transformar todo deserto em exuberante pomar. Inversamente, o que mais sofre, o mais pobre de vida necessitaria ao máximo de brandura, paz e bondade — do que hoje se denomina humanidade — tanto no pensar como no agir, e, se possível, de um deus que é propriamente um deus para doentes, um *salvador*, assim como também da lógica, a compreensibilidade conceitual da existência até para idiotas — os típicos "livres-pensadores", como os "idealistas" e "almas belas", são todos *décadents* —, em suma, de uma certa estreiteza cálida e que afasta o medo, um encerrar-se em horizontes otimistas, que permite o *embotamento*... De tal maneira aprendi a conhecer gradualmente Epicuro, o oposto de um grego dionisíaco, assim como o cristão, que na realidade é somente uma espécie de epicúrio, e com o seu *"bem-aventurado o que tem fé"* leva o princípio do hedonismo *o mais longe possível* — muito além de toda retidão intelectual... Se em algo estou à frente dos psicólogos todos, é no fato de ter um olhar mais agudo para a difícil e insidiosa espécie da *inferência regressiva*, na qual se comete a maioria dos erros — a inferência que vai da obra ao autor, do ato ao agente, do ideal àquele que dele *necessita*, de todo modo de pensar e valorar à *necessidade* que por trás dele comanda. — Quanto aos artistas de todo gênero, utilizo-me agora da distinção fundamental: foi o *ódio* à vida ou o *excesso de* vida que aí se fez criativo? Em Goethe, por exemplo, foi o excesso; em Flaubert, o ódio: Flaubert, uma nova edição de Pascal, mas como artista, com o julgamento instintivo no fundo: *Flaubert est toujours haïssable, l'homme n'est rien, l'oeuvre est tout* [Flaubert é sempre *odiável*, o homem não é nada, a obra é tudo]... Ele torturou a si mesmo ao escrever, assim como Pascal se torturou ao pensar — ambos sentiam de modo não egoísta... "Ausência de si"[73] — o princípio-*décadence*, a vontade de fim, tanto na arte como na moral. —

O LUGAR DE WAGNER

Ainda agora a França é a sede da mais espiritual e mais refinada cultura da Europa, e a *elevada* escola do gosto: mas é preciso saber encontrar essa "França do gosto". O *Norddeutsche Zeitung* [Jornal da Alemanha do Norte], por exemplo, ou quem o utiliza como porta-voz, enxerga nos franceses "bárbaros" — eu, por minha parte, busco o continente *negro*, onde os "escravos" deveriam ser libertados, na vizinhança dos alemães do Norte... Quem a *esta* França pertence, permanece bem oculto: deve ser pequeno o número daqueles nos quais ela vive e vivifica, entre eles homens que não teriam muita robustez, em parte fatalistas, sombrios, doentes, em parte amolecidos e afetados, aqueles que têm a *ambição* de serem artificiais — mas eles possuem tudo o que ainda resta de elevado e terno no mundo. Nessa França do espírito, que é também a França do pessimismo, Schopenhauer se encontra mais em casa do que jamais esteve na Alemanha; sua obra principal já traduzida duas vezes, a segunda excepcionalmente, de modo que eu hoje prefiro ler Schopenhauer em francês (— ele foi um *acaso* entre os alemães, como eu sou um tal acaso — os alemães não têm dedos para nós, eles não têm dedos em absoluto, somente patas). Sem falar de Heinrich Heine — *l'adorable Heine*, dizem em Paris —, que há muito penetrou a carne e o sangue dos poetas franceses mais profundos e mais ricos de alma. Que pode o gado alemão fazer com as *délicatesses* de uma tal natureza? — Quanto a Richard Wagner, por fim: é palpável (com as mãos, não com os punhos) que Paris é o verdadeiro *solo* para Wagner: quanto mais a música francesa se configura pelas necessidades da *âme moderne* [alma moderna], tanto mais ela se wagneriza — já o faz atualmente. — Não nos deixemos induzir em erro pelo próprio Wagner neste ponto —

foi uma autêntica maldade de Wagner, troçar de Paris em sua agonia, em 1871...[74] Contudo, na Alemanha Wagner é tão só um mal-entendido: quem seria mais incapaz de compreender algo de Wagner do que, por exemplo, o jovem *Kaiser*? — Permanece um fato seguro, para todo conhecedor do movimento cultural europeu, que o romantismo francês e Richard Wagner estão ligados da maneira mais íntima. Todos tomados pela literatura até nos olhos e ouvidos — os primeiros artistas europeus de formação literária *universal* —, na maioria também escritores e poetas eles próprios, mediadores e misturadores dos sentidos e das artes, todos fanáticos da *expressão*, grandes descobridores no reino do sublime, também do feio e do horrível, descobridores ainda maiores no âmbito do efeito, na exposição, na arte da vitrine, todos talentos muito além do seu gênio — *virtuoses* de cima a baixo, com misteriosos acessos a tudo o que seduz, atrai, compele, transtorna, inimigos natos da lógica e da linha reta, cobiçosos do que seja estranho, exótico, enorme, de todos os opiáceos dos sentidos e do intelecto. No todo, uma espécie ousada-temerária, esplêndida-violenta, altaneira e arrebatadora de artistas, que primeiramente teve de ensinar ao *seu* século — o século da *massa* — a noção de "artista". Mas *doente*...

WAGNER COMO APÓSTOLO DA CASTIDADE

1. — Então isso é alemão?
É de coração alemão esse estridente anelo?
É de corpo alemão esse autoflagelo?
Alemães os gestos sacerdotais,
As pregações aromáticas, sensuais?
E alemão esse hesitar, cair, cambalear,
Esse edulcorado bambambolear?
O repicar dos sinos, esse olhar por entre o véu?
E o falso-extático ansiar além do céu?

— Então isso é alemão?
Considerem! Ainda não terminaram o percurso...
O que estão a ouvir é *Roma — a fé de Roma sem o discurso*!

2. Entre castidade e sensualidade não há oposição necessária; todo bom casamento, todo verdadeiro caso amoroso está além dessa oposição. No caso em que realmente há essa oposição, ela felizmente não precisa ser uma oposição trágica. Isso deveria valer ao menos para todos os mortais mais bem logrados de corpo e de espírito, que estão longe de colocar seu frágil equilíbrio de anjo e *petite bête* [bicho pequeno] entre os argumentos contra a existência — os mais finos e lúcidos, como Hafiz,[75] como Goethe, enxergaram nisso até mesmo um estímulo a mais... Precisamente tais contradições nos seduzem para o existir... Por outro lado, compreende-se muito bem que, quando os infelizes animais de Circe são levados a adorar a castidade, nela veem *e adoram* apenas o oposto dela — com que trágico grunhido e ardor, pode-se imaginar! —, aquela oposição penosa e inteiramente supérflua, que ainda no final da vida Richard Wagner quis inegavelmente pôr em música e levar ao palco. *Mas para quê?*, pode-se razoavelmente perguntar.

3. E com isso não podemos eludir uma outra questão, a saber, que lhe interessava realmente aquele viril (oh, tão inviril) "inocente de aldeia", Parsifal, o pobre-diabo e filho da natureza que ele afinal tornou católico, com meios tão insidiosos — como? esse Parsifal deve ser tomado *a sério*? Pois que se tenha *rido* dele é algo que não contestarei, e Gottfried Keller[76] tampouco... Seria de desejar que Wagner tenha feito o Parsifal com intenção alegre, como um epílogo e drama satírico, com o qual o trágico Wagner quis despedir-se de nós, de si mesmo, sobretudo *da tragédia*, de um modo para ele apropriado e dele digno, isto é, com um excesso da mais elevada e deliberada paródia do elemento trágico mesmo, de toda a horrível seriedade e desolação terrena de outrora, da *mais tola forma* da antinatureza do ideal ascético, enfim superada. Pois o Parsifal é um tema de opereta por excelência... Seria o Parsifal de Wagner o seu secreto riso de superioridade sobre si, o triunfo da sua derradeira, elevada liberdade de artista, transcendência de artista? — Wagner sabendo *rir* de si mesmo?... Seria de desejar, como afirmei: pois o que seria um Parsifal *concebido na seriedade*? É realmente necessário enxergar nele (como me foi dito) "o rebento de um ensandecido ódio ao conhecimento, ao espírito e à sensualidade"? uma maldição aos sentidos e ao espírito em *um só* hausto de ódio? uma apostasia e uma volta a ideais cristãos-mórbidos e obscurantistas? E enfim até mesmo negação e cancelamento de si, por parte de um artista que, com todo o poder de sua vontade, até então perseguira o oposto, a mais alta espiritualização e sensualização de sua arte? E não apenas de sua arte, também de sua vida? Recordemos o entusiasmo com que uma vez Wagner seguiu as pegadas do filósofo Feuerbach. A expressão feuerbachiana "sensualidade sadia" — nos anos 30 e 40 isto soava, para Wagner e para muitos alemães — eles se denominavam os *jovens* alemães —, como a palavra da salvação. Teria ele afinal *desaprendido* isso? Ao menos parece que no fim ele teve a vontade de *desensinar* isso... O *ódio à vida* assenhorou-se dele, como de Flaubert?... Pois o Parsifal é uma obra de perfídia, de vingança, de secreto envenenamento dos pressupostos da vida, uma obra *ruim*. — A pregação da castidade é um estímulo à antinatureza: eu desprezo todo aquele que não percebe o Parsifal como um atentado aos costumes. —

COMO ME LIBERTEI DE WAGNER

1. Foi já no verão de 1876, durante o primeiro Festival, que me despedi interiormente de Wagner. Eu não tolero nada ambíguo; depois que Wagner mudou-se para a Alemanha, ele transigiu passo a passo com tudo o que desprezo — até mesmo o antissemitismo... Era de fato o momento para dizer adeus: logo tive a prova disso. Richard Wagner, aparentemente o ser mais triunfante, na verdade um *décadent* desesperado e fenecido, sucumbiu de repente, desamparado e alquebrado, ante a cruz cristã... Nenhum alemão teve, para esse terrível espetáculo, olhos no rosto e simpatia na consciência? Fui eu o único que dele — *sofreu*? — Em suma, o inesperado evento foi como um relâmpago de clareza sobre o lugar que eu havia deixado — e deu-me também aquele calafrio posterior, que sentimos após passar inconscientemente por um enorme perigo. Prosseguindo só por meu caminho, eu tremia: pouco tempo depois estava doente, mais que doente, *cansado* — cansado pela inevitável desilusão com tudo o que restava para nos entusiasmar, a nós, homens modernos; com a força, o trabalho, esperança, juventude, amor em toda parte *esbanjados*; cansado pelo nojo a toda a mentiragem e amolecimento idealista da consciência, que novamente triunfara sobre um dos mais valentes; cansado enfim, em medida não menor, pelo aborrecimento de uma implacável suspeita — de que a partir de então eu estava condenado a desconfiar mais profundamente, desprezar mais profundamente, ser *só* mais profundamente do que nunca. Pois eu não tivera ninguém a não ser Wagner... Estava sempre *condenado* aos alemães...

2. Solitário então, e gravemente desconfiado de mim mesmo, tomei, não sem ira, partido *contra* mim e *a favor* de tudo o que me fazia mal e era duro: assim achei novamente o caminho para esse valente pessimismo que é o oposto de toda mendacidade idealista, e também, como quer me parecer, o caminho para *mim* — para *minha* tarefa... Esse oculto e soberano Algo, para o qual durante muito tempo não temos nome, até ele se revelar enfim como nossa tarefa — esse tirano em nós toma uma represália terrível contra toda tentativa que fazemos de nos esquivar ou fugir, contra toda resignação prematura, toda equiparação aos que não são nossos iguais, toda atividade, ainda que respeitável, que nos desvie do principal — e mesmo toda virtude que nos proteja contra a dureza da responsabilidade mais nossa. A cada vez a resposta é doença, quando queremos duvidar do direito à nossa tarefa, quando começamos a tornar as coisas mais fáceis para nós de algum modo. Estranho e horrível ao mesmo tempo! Os nossos *alívios* são o que temos de expiar mais duramente! E se quisermos depois voltar à saúde, não nos restará escolha: teremos de carregar um fardo *mais pesado* do que jamais carregamos antes...

O PSICÓLOGO TOMA A PALAVRA

1. Quanto mais um psicólogo, um nato, inevitável psicólogo e leitor de almas, voltar a atenção para os casos e seres mais seletos, maior será o perigo de ele sufocar de compaixão. Ele *necessita* de dureza e serenidade, mais que qualquer outro homem. Pois a corrupção, a ruína dos homens mais elevados constitui a regra: é horrível ter sempre ante os olhos uma tal regra. A múltipla tortura do psicólogo que divisou essa ruína, que descobriu uma vez e depois *quase* sempre, através da história inteira, essa "incurabilidade" interior do homem elevado, esse eterno "Tarde demais!" em todo sentido — pode vir a ser causa de ele próprio se *corromper*... Em quase todo psicólogo se notará uma inclinação reveladora para lidar com gente cotidiana e regrada: nisto se mostra que ele sempre requer uma cura, que precisa de uma espécie de fuga e esquecimento, para longe de tudo o que lhe puseram na consciência as suas percepções e incisões, o seu *ofício*. O medo da própria memória lhe é bem característico. Ele facilmente emudece ante o juízo dos outros, escuta com rosto impassível como veneram, amam, admiram, transfiguram, ali onde ele *viu* — ou mesmo esconde seu silêncio, ao concordar expressamente com alguma opinião-de-fachada. Talvez o paradoxo da sua situação seja tão horrível que justamente ali, onde ele aprendeu *a grande compaixão* junto ao *grande desprezo*, os "homens cultos" aprendem a grande veneração... E quem sabe não ocorreu precisamente isso em todos os grandes casos — que se adorasse um deus, e o deus fosse um pobre animal de sacrifício... O *êxito* sempre foi o maior mentiroso — e também a *obra*, o *ato* é um êxito... O grande estadista, o conquistador, o descobridor está disfarçado, escondido em suas criações, até um ponto irreconhecível; a obra, a do artista, do filósofo, só ela inventa quem que criou, quem a *teria* criado... Os "grandes homens", tal como são venerados, são pequenas ficções ruins, feitas posteriormente — no mundo dos valores históricos a moeda falsa predomina...

2. — Esses grandes criadores, por exemplo, esses Byron, Musset, Poe, Leopardi, Kleist, Gogol — não ouso citar nomes maiores, mas penso neles —, tal como são e têm de ser: criaturas do momento, sensuais, absurdos, quíntuplos, leviános e repentinos no confiar e desconfiar; tendo almas em que habitualmente se deve esconder uma ruptura; muitas vezes vingando-se, com suas obras, de uma mancha interior; tantas vezes buscando, com seus voos, esquecimento face a uma memória demasiado fiel, idealistas dos arredores do *pântano* — que tortura são esses grandes artistas, e os chamados homens superiores em geral, para aquele que uma vez os decifrou... Somos todos advogados da mediocridade... É compreensível que *eles* precisamente sejam alvo, por parte da mulher, que é clarividente no mundo do sofrer e também ansiosa de ajudar e salvar, infelizmente muito além de suas forças, dessas erupções de ilimitada compaixão, que a multidão, sobretudo a multidão *que venera*, acumula de interpretações curiosas e autocomplacentes... Tal compaixão normalmente se ilude a respeito de sua força: a mulher quer acreditar que o amor *tudo pode* — é a sua peculiar *superstição*. Oh, o conhecedor do coração percebe quão pobre, desamparado, presunçoso e canhestro é inclusive o melhor e mais profundo amor — como ele antes *destrói* do que salva...

3. — O nojo e a altivez espirituais de todo homem que sofreu profundamente — a hierarquia é quase que determinada pelo *grau* de sofrimento a que se pode chegar —, a arrepiante certeza de que é impregnado e tingido, de mediante seu sofrimento *saber mais* do que os mais inteligentes e sábios poderiam saber, de ter estado e ser versado em tantos mundos distantes e horríveis, dos quais "*vocês* nada sabem"..., esta silenciosa altivez espiritual, este orgulho do eleito do conhecimento, do "iniciado", do quase-sacrificado, tem como necessárias todas as artes do disfarce, para proteger-se do contato com mãos importunas e compassivas e, sobretudo, de todo aquele que não lhe é igual na dor. O sofrimento profundo enobrece; coloca à parte. — Uma das mais sutis formas de disfarce é o epicurismo, e uma certa ostensiva bravura do gosto, que não toma a sério o sofrimento e se põe em guarda contra tudo o que é triste e profundo. Há "homens joviais" que se utilizam da jovialidade porque graças a ela são mal-entendidos — eles *querem* ser mal-entendidos. Há "espíritos científicos" que recorrem à ciência porque esta lhes dá uma aparência jovial, e porque a cientificidade leva a concluir que o homem é superficial — eles *querem* induzir a uma conclusão errada... Há espíritos livres e insolentes, que gostariam de negar e ocultar que no fundo são corações destroçados, incuráveis — é o caso de Hamlet: então a doidice mesma pode ser a máscara para um saber desventurado e certo em demasia. —

EPÍLOGO

1. Frequentemente me perguntei se não tenho um débito mais profundo com os anos mais difíceis de minha vida do que com outros quaisquer. Minha natureza íntima me ensina que tudo necessário, visto do alto e no sentido de uma *grande economia*, é também vantajoso em si — deve-se não apenas suportá-lo, deve-se *amá-lo...* *Amor fati* [amor ao destino]: eis minha natureza íntima. — Quanto a minha longa enfermidade, não lhe devo indizivelmente mais do que a minha saúde? Devo-lhe uma *mais elevada* saúde, uma que é fortalecida por tudo o que não a destrói! — *Devo-lhe também minha filosofia...* Apenas a grande dor é o extremo liberador do espírito, enquanto mestre da *grande suspeita*, que de todo U faz um X, um autêntico e verdadeiro X, isto é, a antepenúltima letra...[77] Apenas a grande dor, a longa, lenta dor, em que somos queimados com madeira verde, por assim dizer, a dor que não tem pressa — obriga a nós, filósofos, a alcançar nossa profundidade extrema e nos desvencilhar de toda confiança, toda benevolência, tudo o que encobre, que é brando, mediano, tudo em que antes púnhamos talvez nossa humanidade. Duvido que uma tal dor "aperfeiçoe": mas sei que nos *aprofunda...* Seja que aprendemos a lhe opor nosso orgulho, nosso escárnio, nossa força de vontade, fazendo como o índio que, embora supliciado, obtém desforra de seu torturador mediante o veneno de sua língua; seja que ante a dor nos retiramos para o Nada, para o mudo, rígido, surdo entregar-se, esquecer-se, apagar-se: desses longos e perigosos exercícios de autodomínio retornamos uma outra pessoa, com algumas interrogações *mais* — sobretudo com a vontade de doravante questionar mais, mais profundamente, severamente, duramente, maldosamente, silenciosamente do que até hoje foi questionado nesta Terra... A confiança na vida se foi; a vida mesma tornou-se um *problema*. — Mas não se creia que isso torne alguém necessariamente sombrio, uma coruja agourenta. Mesmo o amor à vida é ainda possível — apenas se ama *diferente*... E o amor a uma mulher da qual se duvida...

2. Eis o mais estranho: temos depois um outro gosto — um *segundo* gosto. Desses abismos, também do abismo da *grande suspeita* voltamos renascidos, de pele mudada, mais suscetíveis, mais maldosos, com gosto mais sutil para a alegria, com língua mais delicada para todas as coisas boas, com sentidos mais joviais, com uma segunda, mais perigosa inocência na alegria, ao mesmo tempo mais infantis e cem vezes mais refinados do que antes. Moral: não se é impunemente o espírito mais profundo de todos os milênios — mas também não sem *recompensa*... Darei agora uma amostra.

Oh, como lhe repugna agora a fruição, a grosseira, surda, parda fruição, tal como a entendem os fruidores, nossos "homens cultos", nossos ricos e governantes! Com que malícia escutamos agora o barulho de grande feira com que o homem "culto" e citadino se deixa violentar pela arte, livros e música até sentir "prazeres espirituais", não sem ajuda de bebidas espirituais! Como agora nos fere os ouvidos o grito teatral da paixão, como se tornou estranho ao nosso gosto esse romântico tumulto e emaranhado de sentidos que o populacho culto adora, e todas as suas aspirações ao excelso, elevado, empolado! Não, se nós, convalescentes, ainda precisamos de uma arte, é de uma *outra* arte — uma ligeira, zombeteira, divinamente imperturbada, divinamente artificial, que como uma pura flama lampeje num céu limpo! Sobretudo: uma arte para artistas, *somente para artistas*! Nós nos entendemos melhor, depois, quanto ao que primeiramente se requer para isso, a serenidade, *toda* serenidade, meus amigos!... Algumas coisas sabemos agora bem demais, nós, sabedores: oh, como hoje aprendemos a bem esquecer, a bem *não-saber*, como artistas!... E no tocante a nosso futuro: dificilmente nos acharão nas trilhas daqueles jovens egípcios que à noite tornam inseguros os templos, abraçam estátuas e querem expor à luz, desvelar, descobrir, tudo absolutamente que por boas razões é escondido. Não, esse mau gosto, essa vontade de verdade, de "verdade a todo custo", esse desvario adolescente no amor à verdade — nos aborrece: para isso somos demasiadamente experimentados, sérios, alegres, escaldados, *profundos*... Já não cremos que a verdade continue verdade, quando se lhe tira o *véu*... Hoje é, para nós, uma questão de decoro não querer ver tudo nu, estar presente a tudo, compreender e "saber" tudo. *Tout comprendre — c'est tout mépriser* [Tudo compreender — é tudo desprezar]... "É verdade que Deus está em toda parte?", perguntou uma garotinha à sua mãe; "não acho isso decente" — um sinal para os filósofos!... Deveríamos respeitar mais o *pudor* com que a natureza se escondeu por trás de enigmas e de coloridas incertezas. Talvez a verdade seja uma mulher que tem razões para *não deixar ver suas razões*?... Talvez o seu nome, para falar grego, seja *Baubo*?...[78] Oh, esses gregos! Eles entendiam do *viver*! Para isto é necessário permanecer valentemente na superfície, na dobra, na pele, adorar a aparência, acreditar em formas, em tons, em palavras, em todo o *Olimpo da aparência*! Esses gregos eram superficiais — *por profundidade*... E não é precisamente a isso que retornamos, nós, temerários do espírito, que escalamos o mais elevado e perigoso pico do pensamento atual e de lá olhamos em torno, nós, que de lá olhamos *para baixo*? Não somos precisamente nisso — gregos? Adoradores das formas, dos tons, das palavras? E precisamente por isso — *artistas*?...

VON DER ARMUT DES REICHSTEN

Zehn Jahre dahin —,
kein Tropfen erreichte mich,
kein feuchter Wind, kein Tau der Liebe
— ein regenloses Land...
Nun bitte ich meine Weisheit,
nicht geizig zu werden in dieser Dürre:
ströme selber über, träufle selber Tau
sei selber Regen der vergilbten Widnis!

Eins hieß ich die Wolken
fortgehn von meinen Bergen, —
einst sprach ich "mehr Licht, ihr Dunklen!"
Heut locke ich sie, daß sie kommen:
macht Dunkel um mich mit euren Eutern!
— ich will euch melken,
ihr Kühe der Höhe!
Milchwarme Weisheit, süßen Tau der Liebe
ströme ich über das Land.

Fort, fort, ihr Wahrheiten,
die ihr düster blickt!
Nicht will ich auf meinen Bergen
herbe ungeduldige Wahrheiten sehn.
Vom Lächeln vergüldet
nahe mir heut die Wahrheit,
von der Sonne gesüßt, von der Liebe gebräunt, —
eine reife Wahrheit breche ich allein vom Baum.

Heut strecke ich die Hand aus

DA POBREZA DO RIQUÍSSIMO

Dez anos se foram —
nenhuma gota me alcançou,
nenhum vento úmido, nenhum orvalho de amor
— uma terra *sem chuva*...
Agora peço à minha sabedoria
que não se torne avara nesta aridez:
transborda tu mesma, destila tu mesma o orvalho,
sê tu mesma chuva para o ermo ressequido!

Outrora ordenava às nuvens
que se afastassem de meus montes —
outrora dizia: "Mais luz, ó seres escuros!".
Agora as chamo para que venham:
fazei escuro ao meu redor com vossas tetas!
— quero vos ordenhar,
vacas das alturas!
Sobre a terra espalharei
sabedoria quente como leite, doce orvalho de amor.

Fora, verdades
de olhar sombrio!
Sobre os meus montes não quero ver
verdades acres e impacientes.
Dourada de sorriso
aproxime-se hoje a verdade,
adoçada pelo sol, bronzeada pelo amor —
somente uma verdade *madura* eu colho da árvore.

Hoje estendo a mão

nach den Locken des Zufalls,
klug genug, den Zufall
einem Kind gleich zu führen, zu überlisten.
Heut will ich gastfreundlich sein
gegen Unwillkommnes,
gegen das Schicksal selbst will ich nicht stachlicht sein,
— Zarathustra ist kein Igel.

Meine Seele,
unersättlich mit ihrer Zunge,
an alle gute und schlimmen Dinge hat sie schon geleckt,
in jede Tiefe tauchte sie hinab.
Aber immer gleich dem Korke,
immer schwimmt sie wieder obenauf,
sie gaukelt wie Öl über braune Meere:
dieser Seele halber heißt man mich den Glücklichen.

Wer sind mir Vater und Mutter?
Ist nicht mir Vater Prinz Überfluß
und Mutter das stille Lachen?
Erzeugte nicht dieser beiden Ehebund
mich Rätseltier,
mich Lichtunhold,
mich Verschwender aller Weisheit, Zarathustra?

Krank heute vor Zärtlichkeit,
ein Tauwind,
sitzt Zarathustra wartend, wartend auf seinen Bergen, —
im eignen Safte
süß geworden und gekocht,
unterhalb *seines Gipfels,*
unterhalb *seines Eises,*
müd und selig,
ein Schaffender an seinem siebenten Tag.

— Still!

para as madeixas do acaso,
sagaz o bastante para conduzir,
para lograr o acaso como a uma criança.
Hoje quero ser hospitaleiro
com as coisas importunas,
com o próprio destino não serei espinhoso
— Zaratustra não é nenhum ouriço.

Minha alma,
insaciável com sua língua,
todas as coisas boas e más já lambeu,
a toda profundidade já desceu.
Mas sempre, igual à cortiça,
sempre nada novamente para cima,
equilibra-se como óleo sobre mares marrons:
devido a essa alma chamam-me o Feliz.

Quem são meu pai e minha mãe?
Não é meu pai o príncipe Abundância
e minha mãe o Riso silencioso?
A aliança desses dois não gerou
a mim, bicho enigmático,
a mim, monstro de luz,
a mim, Zaratustra, esbanjador de toda sabedoria?

Doente hoje de ternura,
um vento de gelo,
Zaratustra espera, espera nos seus montes —
no próprio sumo
tornado doce e cozido,
abaixo do seu cume,
abaixo do seu gelo,
cansado e ditoso,
um criador em seu sétimo dia!

— Silêncio!

*Eine Wahrheit wandelt über mir
einer Wolke gleich, —
mit unsichtbaren Blitzen trifft sie mich.
Auf breiten langsamen Treppen
steigt ihr Glück zu mir:
komm, komm, geliebte Wahrheit!*

*— Still!
Meine Wahrheit ists! —
Aus zögernden Augen,
aus samtenen Schaudern
trifft mich ihr Blick,
lieblich, bös, ein Mädchenblick...
Sie erriet meines Glückes Grund
sie erriet mich — ha! was sinnt sie aus? —
Purpurn lauert eine Drache
im Abgrunde ihres Mädchenblicks.*

— Still! Meine Wahrheit redet! —

Wehe dir, Zarathustra!

*Du siehst aus, wie einer,
der Gold verschluckt hat:
man wird dir noch den Bauch aufschlitzen!...*

*Zu reich bist du,
du Verderber vieler!
Zu viele machst du neidisch,
zu viele machst du arm...
Mir selber wirft dein Licht Schatten —,
es fröstelt mich: geh weg, du Reicher,
geh, Zarathustra, weg aus deiner Sonne!...*

*Du möchtest schenken, wegschenken deinen Überfluß,
aber du selber bist der Überflüssigste!*

Uma verdade passa sobre mim
como uma nuvem —
com invisíveis raios me atinge.
Por largas, lentas escadas
sua felicidade desce a mim:
vem, vem, amada verdade!

— Silêncio!
É a *minha* verdade! —
De olhos hesitantes,
de tremores aveludados
atinge-me seu olhar,
encantador, mau, o olhar de uma moça...
Ela adivinhou a *razão* de minha felicidade,
ela adivinhou-*me* — ah, que estará ela pensando? —
Um dragão espreita purpúreo
no abismo do seu olhar de moça.

— Silêncio! Minha verdade *fala*! —

Ai de ti, Zaratustra!

Semelhas alguém
que engoliu ouro:
ainda hão de te abrir a barriga!...

És rico demais,
corruptor de muitos!
Pessoas demais tornas invejosas,
pessoas demais tornas pobres...
A mim mesmo a tua luz põe na sombra —
tremo de frio: vai embora, ó rico,
vai, Zaratustra, para longe do teu sol!...

Querias dar, presentear o teu supérfluo,
mas tu mesmo és o mais supérfluo!

Sei klug, du Reicher!
Verschenk dich selber erst, o Zarathustra!

Zehn Jahre dahin —,
und kein Tropfen erreichte dich?
kein feuchter Wind? kein Tau der Liebe?
Aber wer sollte dich auch lieben,
du Überreicher?
Dein Glück macht rings trocken,
macht arm an Liebe
— ein regenloses Land...

Niemand dankt dir mehr.
Du aber dankst jedem,
der von dir nimmt:
daran erkenne ich dich,
du Überreicher,
du Ärmster aller Reichen!

Du opferst dich, dich quält dein Reichtum —,
du gibst dich ab,
du schonst dich nicht, du liebst dich nicht:
die große Qual zwingt nicht allezeit,
die Qual übervoller Scheuern, übervollen Herzens —
aber niemand dankt dir mehr...

Du mußt ärmer werden,
weiser Unweiser!
willst du geliebt sein.
Man liebt nur die Leidenden,
man gibt Liebe nur dem Hungernden:
verschenke dich selbst erst, o Zarathustra!

— Ich bin deine Wahrheit...

Sê prudente, ó rico!
Dá-te primeiro a ti, Zaratustra!

Dez anos se foram —
e nenhuma gota te alcançou?
nenhum vento úmido? nenhum orvalho de amor?
Mas quem *havia* de te amar,
ó super-rico?
Tua felicidade faz seco tudo em volta,
faz pobre de amor
— uma terra *sem chuva*...

Ninguém te agradece mais.
Porém agradeces a cada um
que de ti recebe:
nisso te reconheço,
ó super-rico,
ó *mais pobre* de todos os ricos!

Tu te sacrificas, *atormenta*-te a tua riqueza —
tu te entregas,
não te poupas, não te amas:
o grande tormento te coage todo o tempo,
o tormento dos celeiros *supercheios*, do coração *supercheio* —
mas já ninguém te agradece...

Tens de fazer-te *mais pobre*,
sábio não-sábio!
se quiseres ser amado.
Somente os sofredores são amados,
só ao que tem fome é dado amor:
dá-te primeiro a ti, Zaratustra!

— Eu sou tua verdade...

NOTAS

(1) "Rindo, dizer coisas graves": citação e paródia de Horácio, *Sátiras* I, 1,24: [...] *ridentem dicere verum quid vetat* ("o que nos proíbe de, rindo, dizer coisas verdadeiras?").

(2) Nietzsche ouviu *Carmen* pela primeira vez em 27 de novembro de 1881, em Gênova. Depois assistiu a várias apresentações dessa ópera (não sabemos quantas exatamente: "vigésima" é provavelmente força de expressão), inclusive na primavera de 1888, em Turim, quando escrevia *O caso Wagner* — como atesta uma carta endereçada a Peter Gast em 20 de abril de 1888, na qual diz, em italiano e bem-humoradamente: *successo piramidale, tutto Torino carmenizzato!* (em *Sämtliche Briefe*, ed. G. Colli e M. Montinari, DTV/de Gruyter, vol. 8, p. 299; esta carta, juntamente com outras relativas a *O caso Wagner* e *Nietzsche contra Wagner*, acha-se no final do presente volume).

(3) "melodia infinita": expressão do próprio Wagner.

(4) "redentor": cf. carta de Nietzsche a Peter Gast: "O *leitmotiv* de meu gracejo ruim, 'Wagner como Redentor', refere-se naturalmente à inscrição na coroa da Sociedade Wagner de Munique. 'Redenção para o Redentor'..." (carta de 11 de agosto de 1888).

(5) Prosper Mérimée (1803-70): ficcionista francês, autor da novela *Carmen*, na qual se baseou Georges Bizet (1838-75) para compor a ópera de mesmo nome.

(6) Senta: protagonista da ópera *O navio fantasma*, de Wagner.

(7) Walter Kaufmann lembra, a propósito, a admiração de Nietzsche pelo modo como Shakespeare caracterizou Brutus em *Júlio César*, e o verso de Oscar Wilde em *The Ballad of Reading Gaol*: *For all men kill the thing they love* ("Pois todos os homens matam aquilo que amam").

(8) Citação de Goethe, *Anos de aprendizagem de Wilhelm Meister* IV, 9, e *Poesia e verdade* III, 4.

(9) Benjamin Constant de Rebecque (1767-1830): político e escritor francês, autor do romance *Adolphe*.

(10) Kundry: personagem da ópera *Parsifal*.

(11) Em alemão, "judeu errante" se diz *ewige Jude* — literalmente, "judeu eterno".

(12) Nesta passagem sobre a fortuna de Goethe na Alemanha de sua época, Nietzsche é devedor de uma obra que havia lido e da qual havia copiado trechos em seus cadernos: *Gedanken über Goethe* [Pensamentos sobre Goethe], de

Viktor Hehn (Berlim, 1887). Veja-se, por exemplo, a seguinte frase de Hehn, citada por Colli e Montinari nas notas à sua edição de Nietzsche: "Apenas as mulheres judias [...] foram menos severas e pressentiram algo da grandeza não só poética, mas também moral, de Goethe: pois elas tinham mais sabedoria inata [*Mutterwitz im Kopfe*] do que as boas e amáveis, mas convencionalmente limitadas [...] habitantes loiras da Baixa Saxônia" (Colli e Montinari, *Kritische Studienausgabe*, DTV/de Gruyter, vol. 14, pp. 403-4).

(13) Klopstock (1724-1803): o mais renomado poeta da geração anterior à de Goethe; Herder (1744-1803): um dos mais influentes críticos da literatura alemã.

(14) Barthold Georg Niebuhr (1776-1831): estadista e historiador, autor de *História romana*; na mesma frase, adiante, Biterolf designa um dos cavaleiros de *Tannhäuser*.

(15) Wartburg: castelo alemão onde Lutero traduziu a Bíblia; numa de suas paredes há uma mancha de tinta, ocasionada, segundo a tradição, quando o Diabo apareceu a Lutero e este jogou um tinteiro nele.

(16) Alusão aos versos finais do *Fausto II*, de Goethe; no parágrafo anterior, o "eterno-feminino" alude às mesmas célebres linhas.

(17) Citação de Ernest Renan, *Vie de Jésus* (Paris, 1863).

(18) Frase de Zenão, pensador estoico grego, conhecida por Nietzsche na citação feita em latim por Schopenhauer, em *Parerga e paralipomena*.

(19) Circe: personagem de Homero; feiticeira que transforma os companheiros de Ulisses em porcos, no canto X da *Odisseia*.

(20) No original, *Luft, mehr Luft!*, paródia das últimas palavras de Goethe, que teriam sido *Licht, mehr Licht!* ("Luz, mais luz!").

(21) Em outras passagens de sua obra Nietzsche se manifesta negativamente sobre o vegetarianismo (ver, por exemplo, *Ecce homo*, II 1).

(22) Alusão ao Novo Testamento: *Mateus* 19,14; *Marcos* 10,14; *Lucas*, 18,16.

(23) Alessandro Cagliostro: pseudônimo de Giuseppe Balsamo (1743-95), aventureiro italiano praticante do ocultismo.

(24) "idiota": no sentido dostoievskiano de ingênuo, inocente, exemplificado no protagonista do romance *O idiota*.

(25) Palestrina (*c*. 1526-94): grande compositor italiano de música sacra.

(26) "Fisiologia da estética": sabe-se que Nietzsche não chegou a escrever a obra principal que tinha em mente; algumas anotações com esse título, feitas em 1888, foram depois incorporadas ao capítulo "Incursões de um extemporâneo", de *Crepúsculo dos ídolos*.

(27) Num "fragmento póstumo" do início de 1888, que pode ser lido como um esboço desta passagem, encontra-se o nome de Paul Bourget, ensaísta francês admirado por Nietzsche. E já foi observado que esta frase é quase uma tradução do seguinte trecho de *Essays de psychologie contemporaine*, de Bourget (Paris, 1883): *Une même loi gouverne le développement et la décadence de cet autre organisme qui est le langage. Un style de décadence est celui où l'unité du livre se*

décompose pour laisser la place à l'indépendence de la page, où la page se décompose pour laisser la place à l'indépendence de la phrase, et la phrase pour laisser la place à l'indépendence du mot (apud Colli e Montinari, *KSA*, vol. 13, 11 [321]).

(28) Irmãos Concourt: Edmond (1822-96) e Jules (1830-70), romancistas franceses, famosos principalmente por seus *Diários*.

(29) "capacidade de expressão": *Sprachvermögen*, no original; "linguagem": *Sprache*.

(30) François Joseph Talma (1763-1826): célebre ator francês.

(31) Referência ao 3º ato de *Siegfried*, em que Wotan invoca Erda, a Terra (*Erde*, em alemão).

(32) "em escala menor": *verjüngte Proportionen*, no original. Nas versões estrangeiras consultadas durante a elaboração desta encontramos: *obras* [...] *remoçadas, proporzioni ringiovanite, oeuvres* [...] *rajeunies, more youthful proportions*. Essas versões foram: a de António M. Magalhães (Porto, Rés Editora, s. d.), a de Ferruccio Masini (Milão, Mondadori Oscar, 1981), a de Jean-Claude Hémery (Paris, Gallimard, 1974) e a de Walter Kaufmann (Nova York, Vintage, 1967). Há aqui um pequeno erro nas traduções consultadas. O verbo *verjüngen* significa primariamente "rejuvenescer"; mas também significa, nas artes plásticas, "reduzir", e é este o sentido em que Nietzsche o usa, como se vê pelo substantivo *Proportionen*.

(33) No original: *konnte nicht aus dem Ganzen schaffen*; nas outras versões: *não soube criar um todo único, non poteva creare in maniera totale, ne savait pas créer un tout d'une seule spèce, was unable to create from a totality*.

(34) "falsário": *Falschmünzer*, literalmente, "cunhador de moeda falsa".

(35) *la gaya scienza*: "a gaia ciência", "o alegre saber" — expressão com que se designava, no século XIV, a arte dos trovadores provençais. Nietzsche lhe ampliou o sentido, para caracterizar uma atitude e uma filosofia afirmadoras da vida; por isso um dos seus livros da maturidade se intitula *A gaia ciência*. Cf. *Além do bem e do mal*, seção 260, e *Ecce homo*, capítulo "A gaia ciência".

(36) "engenho": tradução que aqui demos a *Witz*, palavra notoriamente polissêmica, que nos dicionários de alemão-português é também vertida como "espírito, bom senso; graça, agudeza, finura, sutileza; gracejo, remoque, rasgo, chiste, piada, dito gracioso, chalaça, motejo, mote, dito picante".

(37) Hugo Riemann (1849-1919): autor de *Teoria da pontuação musical* e *Dicionário de música*, obras influentes na época.

(38) Em italiano no original, por isso é grafado com "s".

(39) *Reich*: literalmente, "reino", "império"; Nietzsche se refere ao Estado criado por Bismarck em 1871, que teria fim em 1918, com a derrota alemã na Primeira Grande Guerra e consequente proclamação da República de Weimar. Quando, posteriormente, Hitler denominou o Estado nazista de Terceiro *Reich*, viu a si mesmo como sucessor de Bismarck e de Carlos Magno, que no século IX fundou o Sacro Império Romano Germânico (que teria sido o primeiro *Reich*).

(40) Vittorio Alfieri (1749-1803): dramaturgo italiano; viveu muito tempo em Turim.

(41) *die zurückgebliebenste Kulturvolk* — nas demais traduções, "o povo de cultura mais retardatário", *popolo civile più arretrato, peuple de culture le plus retardataire, the most retarded civilized nation*. Na mesma frase, pouco antes; "retardadores" traduz *Verzögerer* — "os moderadores", *ritardatori, les ralentisseurs, delayers*. Sobre a noção dos alemães como "retardadores da história", cf. o capítulo sobre *O caso Wagner* em *Ecce homo*.

(42) Bayreuth: cidade da Baviera onde Wagner se estabeleceu e fundou um teatro para encenar suas óperas; o primeiro dos festivais de Bayreuth teve lugar em 1876, com a apresentação do *Anel dos Nibelungos*.

(43) "demolatria": adoração do povo, da massa. Walter Kaufmann chama a atenção, nesse contexto, para o capítulo 6 da *Política*, em que Aristóteles critica o "espetáculo", e principalmente para um trecho das *Leis*, de Platão (seção 701*a*), no qual este recorre ao termo *teatrocracia*, usado por Nietzsche no mesmo parágrafo.

(44) O verbo *verderben*, aqui usado por Nietzsche, pode significar tanto "estragar" como "corromper".

(45) "Toda a falsificação que é a transcendência e o Além": *die ganze Falschmünzerei der Transcendenz und des Jenseits*: cf. nota da seção 10 relativa a "falsário", acima.

(46) O nome Parsifal, de origem árabe, significaria "puro tolo".

(47) "dialeto": não traduz de fato o original, *Idioticon;* com esta palavra, assemelhada a *Lexicon* ("léxico"), Nietzsche quis designar um dicionário que cobre um dialeto particular (a palavra grega *idios* significa "próprio, particular"; daí *idioma* e *idiomatismos*). Os outros tradutores neolatinos recorreram a "léxico dialetal" para verter *Idioticon;* já o americano preferiu manter a inovação de Nietzsche e esclarecê-la com uma nota. Quanto a "feminismo", no dialeto nietzschiano designa algo frágil, atraente, sensível (cf., por exemplo, *Genealogia da moral*, III 27) ou um termo característico da mentalidade ou atitude feminina (cf. *galicismo, anglicismo*).

(48) Klingsor é um mago, personagem de *Parsifal*.

(49) "tons de feiticeira": versão não muito precisa para *Zaubermädchen-Töne* (*Mädchen* = garota, *Zauber* = magia); nas demais traduções, "requebros de sereia", *accenti da fanciulla incantatrice, accents de sirène, tones of magic maidens*.

(50) *Cave canem*: "cuidado com o cão". A graça transparece quando se recorda a etimologia da palavra *cínico*: "Do grego *kynikós*, relativo ao cão. Querem uns que o nome venha de Cinosargos, arrabalde de Atenas onde lecionava o fundador da escola, Antístenes, discípulo de Sócrates. Querem outros que o nome venha do desprezo destes filósofos a todas as conveniências sociais, de sua vida errante e do hábito de atormentar os transeuntes com censuras e zombarias. O cão era, aliás, o emblema da seita. Perguntando alguém um dia a Diógenes por que tomara este nome de cínico, ele respondeu: Adulo

os que dão, ladro para os que não dão e mordo os maus" (Antenor Nascentes, *Dicionário etimológico da língua portuguesa*, Rio de Janeiro, 1932, p. 186).

(51) "do Mestre Santo": *des heiligen Meisters*, em alemão; trocadilho com *des heiligen Geistes*, "do Espírito Santo". Na mesma frase, *Folhas de Bayreuth* (*Bayreuther Blätter*) designa o periódico mensal das Sociedades Wagner.

(52) Vários gramáticos recomendam que se use o verbo na terceira pessoa do plural, pois este seria um exemplo da "voz passiva sintética". Mas preferimos aqui o singular, tomando o se como sujeito impessoal, equivalente ao *uno* espanhol, ao *on* francês e ao *man* alemão; cf. Rodrigues Lapa, *Estilística da língua portuguesa*, São Paulo: Martins Fontes, 1988, p. 164. Outros gramáticos ressaltam o artificialismo da voz passiva sintética: cf. Cláudio Moreno, *Guia prático do português correto. Vol. 3: Sintaxe*, Porto Alegre: L&PM, 2005, pp. 165-71.

(53) Na mitologia grega, ser com corpo de homem e cabeça de touro, fruto da relação de Pasífae, mulher do rei Minos, de Creta, com um touro presenteado ao rei pelo deus Poseídon. Minos ordenou a Dédalo, artista e arquiteto, que construísse um palácio (chamado Labirinto), de tal forma imenso e confuso que ninguém dele conseguia sair, para ali encerrar o Minotauro. Periodicamente, sete rapazes e sete moças eram lá abandonados, para que o monstro os devorasse, até que um desses jovens, Teseu, matou-o e saiu do palácio com a ajuda de Ariadne (do "fio de Ariadne"). Para mais detalhes, ver o *Dicionário da mitologia grega e romana*, de Pierre Grimal (2. ed., São Paulo, Martins Fontes, 1993).

(54) Conforme esclarecimento do próprio Nietzsche, em carta a Peter Gast (reproduzida no Apêndice deste volume), "para Creta!" é um coro de *A bela Helena*, opereta de Jacques Offenbach.

(55) Palavra cunhada por Nietzsche. Entre os tradutores e comentadores de *O caso Wagner*, o único a tentar uma explicação para ela foi Walter Kaufmann. Ele constatou uma analogia com a filoxera, tipo de inseto que ataca plantas cultivadas, e descobriu que em 1881 houve uma convenção internacional sobre os meios para combater essa praga, que atingia bastante as videiras do Reno. Concluiu que o termo pode ser traduzido como "peste do Reno", lembrando que esse rio é um símbolo do nacionalismo alemão e que tem papel importante na tetralogia do *Anel dos Nibelungos*. Quanto aos dois periódicos mencionados em seguida, *Kreuzzeitung* é como Nietzsche se refere ao *Neue preussische Zeitung*, jornal conservador que defendia os interesses dos *junkers*, a aristocracia rural prussiana (cf. *Ecce homo*, III 3); o *Literarisches Zentralblatt* era um prestigioso semanário de resenhas.

(56) Bernini (1598-1680): escultor, arquiteto e pintor italiano.

(57) "o 'a-fim-de'": *das zum-Zweck*, com exceção da inglesa, as demais versões "corrigiram" essa invenção de Nietzsche, ignorando o tom coloquial: "a conformidade com um fim"; *l'adattamento a un fine, la conformité a une fin, any for-the-sake-of*.

(58) Alusão a Heinrich Köselitz (1854-1918), amigo e discípulo, que veio a se tornar conhecido pelo pseudônimo que Nietzsche lhe deu: Peter Gast. Sobre o exagerado conceito que Nietzsche dele fazia como artista, ver a entrevista de C. P. Janz no final deste volume.

(59) "a melancolia da incapacidade": *die Melancholie des Unvermögens* — esse controverso (ou famigerado) juízo de Nietzsche acerca de Brahms é às vezes citado como "a melancolia da impotência"; mas este vocábulo português tem conotações sexuais que não existem no termo alemão; nos outros tradutores consultados lemos: "a melancolia da impotência", *la melanconia dell'impotenza, la mélancolie de l'impuissance, the melancoly of incapacity*.

(60) A ópera mais conhecida de Karl Goldmark (1830-1915).

(61) "transfigura, embeleza, *traz razão* ao mundo": *sie verklärt, sie verschönt, sie vernünftigt die Welt* — o terceiro verbo é criação de Nietzsche, com base em *Vernunft*, "razão"; nas outras traduções se lê: "impregna-o de razão", *razionalizza, l'imprègne de raison, makes it more rational*.

(62) Franz Liszt, o célebre pianista e compositor (1811-86), era o pai de Cosima, a segunda mulher de Wagner.

(63) Frase de Pascal, *Pensamentos*, nº 455.

(64) Num poema dos *Epigramas venezianos*, Goethe enumera quatro coisas que não tolera: "fumaça de tabaco, percevejos, alho e cruz".

(65) Ver nota 22.

(66) No original, *Der Fall Wagner ist ein Glücksfall*. Nietzsche faz um jogo de palavras: *Glücksfall* (formado de *Glück*, "sorte, felicidade", e *Fall*, "caso") significa "acaso feliz, lance de sorte". As outras traduções dizem: "mais que um caso de espécie, é um verdadeiro achado"; *caso fortunato; plus qu'un cas d'espèce, c'est une véritable aubaine!; windfall* (por este exemplo, entre outros, nota-se que a edição portuguesa consultada foi traduzida do francês, embora dê a entender que foi traduzida do alemão).

(67) No original, *Europas Flachland Deutschland;* cf. *Ecce homo*, III 2.

(68) "Até quando, Crispi?": alusão a uma frase de Cícero ("Até quando, Catilina, abusarás da nossa paciência?"): Crispi era o primeiro-ministro italiano.

(69) A Tríplice Aliança foi o acordo político-militar estabelecido na década de 1880 entre Alemanha, Itália e Império Austro-Húngaro. Nietzsche adverte os italianos sobre o mau negócio que estariam fazendo: a palavra *mésalliance* designa, em francês, uma "má aliança", um casamento feito com alguém de condição social inferior.

(70) "ocultas-inquietantes": *heimlich-unheimlich*. Esse par de adjetivos aparentemente antitéticos tem relação etimológica com o mesmo substantivo, *Heim*, "lar" (*home*, em inglês). O primeiro significou originalmente "doméstico, pertencente ao lar"; mas logo (desde o século XII) passou a ter o sentido de "o que se faz em casa e não em público", ou seja, "secreto, furtivo, oculto". O segundo veio a designar o que não é familiar, o que é lúgubre, sinistro, inquie-

tante. O sentimento do *unheimlich* foi objeto de um conhecido estudo de Sigmund Freud ("Das Unheimliche", 1919). Nas outras versões de *Nietzsche contra Wagner* encontramos: "tenebrosas e inquietantes", *quietamente inquietanti, ténébreuses et troublantes, quiet, disquieting*.

(71) Alusão ao personagem de *Don Giovanni*.

(72) Claude Lorrain: pseudônimo de Claude Gelée (1600-82), pintor francês muito admirado por Nietzsche: cf. *Ecce homo*, capítulo "Crepúsculo dos ídolos".

(73) "Ausência de si": *Selbstlosigkeit*, no original; nas demais traduções, "abnegação", *abnégation, selflessness*. Cf. nota 26 do tradutor, em *Ecce homo* (São Paulo, Companhia das Letras, 1995, p. 124).

(74) Nietzsche se refere a uma farsa escrita por Wagner em 1871, na época da Comuna de Paris, com o título de "A capitulação".

(75) Hafiz (1325-89): poeta lírico persa, autor de *Divã*.

(76) Gottfried Keller (1819-90); grande ficcionista suíço.

(77) Alusão a uma expressão idiomática: *jemandem ein X für ein U vormachen*, "fazer ver um U no lugar de um X", isto é, enganar, vender gato por lebre. Nietzsche "desconstrói" a expressão.

(78) Baubo: figura da mitologia grega, personificação dos genitais femininos.

Apêndice

PROCEDÊNCIA DOS TEXTOS DE "NIETZSCHE CONTRA WAGNER"

Como esclarece Nietzsche logo no princípio da obra, *Nietzsche contra Wagner* se compõe de passagens retiradas de livros anteriores e ligeiramente modificadas. Estas passagens são:

"O que admiro": *A gaia ciência*, § 87
"A que faço objeções": *A gaia ciência*, § 368
"Wagner como perigo"
    1: *Humano, demasiado humano II*, § 134
    2: *O viajante e sua sombra*, § 165
"Uma música sem futuro": *Humano, demasiado humano II*, § 171
"Nós, antípodas": *A gaia ciência*, § 370
"O lugar de Wagner": *Além do bem e do mal*, §§ 254, 256
"Wagner como apóstolo da castidade":
    1: *Além do bem e do mal*, § 256
    2: *Genealogia da moral*, cap. III, 2
    3: *Genealogia da moral*, cap. III, 3
"Como me libertei de Wagner"
    1: *Humano, demasiado humano II*, Prefácio, 3
    2: *Humano, demasiado humano II*, Prefácio, 4
"O psicólogo toma a palavra"
    1: *Além do bem e do mal*, § 269
    2: *Além do bem e do mal*, § 269
    3: *Além do bem e do mal*, § 270
"*Epílogo*"
    1: *A gaia ciência*, Prefácio, 3
    2: *A gaia ciência*, Prefácio, 4

SEÇÕES DE *NIETZSCHE CONTRA WAGNER* CORTADAS POR NIETZSCHE

Segundo informam Colli e Montinari no volume de comentários à sua edição crítica das obras de Nietzsche (*KSA*, vol. 13. p. 519), ele chegou a incluir as duas primeiras seções abaixo num plano para o volume *Nietzsche contra Wagner*, e depois acrescentou-lhe a terceira seção. Embora reconhecendo que no cartão-postal de 20 de dezembro de 1888 (reproduzido aqui no Apêndice, 3) o autor voltou atrás e decidiu excluí-la, Colli e Montinari acharam melhor conservá-la no livro — diferentemente de Karl Schlechta, que a publicou somente como parte de *Ecce homo* (lembremos que a vida normal e consciente de Nietzsche teve fim em janeiro de 1889, de modo que ele não acompanhou a edição de suas duas últimas obras).

1. OS PARTIDÁRIOS DE SCHOPENHAUER
(*A gaia ciência*, § 99)

[...] Mas falemos do mais famoso dos schopenhauerianos vivos, de Richard Wagner. — A ele aconteceu o que já sucedeu com muitos artistas: enganou-se ao interpretar os personagens que havia criado e não compreendeu a filosofia implícita em sua arte mais característica. Richard Wagner deixou-se desencaminhar por Hegel até a metade de sua vida; e o fez novamente mais tarde, quando começou a ler a teoria de Schopenhauer em seus personagens e a formular a si mesmo recorrendo às noções de "vontade", "gênio" e "compaixão". Apesar disso continuará verdadeiro que nada pode ser mais contrário ao espírito de Schopenhauer do que o que é propriamente wagneriano nos heróis de Wagner — quero dizer, a inocência do mais elevado amor a si, a crença na grande paixão como algo bom em si, ou, numa palavra, o que há de siegfriediano no semblante dos seus heróis. "Isso tudo cheira antes a Spinoza do que a mim", diria talvez Schopenhauer. Por mais que tivesse boas razões para buscar outro filósofo que não Schopenhauer, o sortilégio ao qual sucumbiu, relativamente a esse pensador, tornou-o cego não apenas aos outros filósofos, mas até à ciência mesma; cada vez mais a sua arte quer se apresentar como contrapartida e complemento da filosofia schopenhaueriana, e mais expressamente renuncia ela à ambição mais elevada de tornar-se contrapartida e complemento da ciência e do conhecimento humanos. E a isso não o estimula apenas a misteriosa pompa dessa filosofia, que teria fascinado igualmente a um Cagliostro: também os gestos e os afetos dos filósofos sempre seduziram! Schopenhaueriano, por exemplo, é o exaspero de Wagner ante a corrupção da língua alemã; e se aí devemos aprovar a imitação, tampouco devemos esquecer que o próprio estilo de Wagner sofre bastante das úlceras e abscessos cuja visão punha fora de si Schopenhauer, e que, no que toca aos wagnerianos que escrevem em alemão, a wagneromania começa a se revelar tão perigosa quanto se revelou toda hegelomania. Schopenhaueriano é o ódio de Wagner aos judeus, em relação aos quais não consegue ser justo, nem mesmo quanto ao seu ato maior: afinal, os judeus são os inventores do cristianismo! Schopenhaueriana é a tentativa de Wagner de apreender o cristianismo como um grão de budismo transportado pelo vento, e de preparar para a Europa uma época budista, aproximando-se temporariamente de fórmulas e sentimentos católicos-cristãos. Schopenhaueriana é a prédica de Wagner em favor da misericórdia no trato com animais; sabe-se que o precursor de Wagner nesse ponto foi Voltaire, que, como seus sucessores, talvez já soubesse travestir o ódio a certas coisas e pessoas em misericórdia para com os animais. Ao menos o ódio de Wagner à ciência, que transparece em sua prédica, não é sugerido pelo espírito de mansuetude e bondade — tampouco, como é óbvio, pelo *espírito*. — Afinal, pouco importa a filosofia de um artista, caso seja apenas uma filosofia acrescentada e não prejudique a sua arte. Devemos cuidar bem para não nos aborrecermos com um artista por uma eventual, talvez muito infeliz e presunçosa artimanha; não vamos esquecer que os caros artistas são e têm que ser todos um tanto atores, e que sem atuar dificilmente aguentariam por muito tempo. Permaneçamos fiéis a Wagner naquilo que nele é vero e original — e isto permanecendo nós mesmos, seus discípulos, fiéis ao que em nós é vero e original. Admitamos seus caprichos e convulsões intelectuais, apreciemos com justiça que estranhos alimentos e necessidades uma arte como a sua pode ter, para que viva e cresça! Não importa que como pensador ele frequentemente esteja errado; justeza e paciência não são para ele. Já basta que sua vida tenha razão e conserve razão diante de si mesma — essa vida que grita para cada um de nós: "Seja um homem e não siga a mim — mas a si próprio! A si próprio!". Também *nossa* vida deve ter razão perante nós mesmos! Também nós devemos crescer e medrar a partir de nós mesmos, livres e sem medo, em inocente amor de si! E, ao contemplar um tal indivíduo, vêm-me aos ouvidos, agora como então, estas frases: "A paixão é melhor que o estoicismo e a hipocrisia, ser honesto, ainda que no mal, é melhor do que perder a si mesmo na moralidade da tradição, o homem livre pode resultar bom ou mau, mas o homem não livre é uma vergonha da natureza e não participa de nenhum consolo, celeste ou terrestre; e, por fim, *todo aquele que deseja tornar-se livre tem de fazê-lo por si próprio*, e a liberdade não sucede a ninguém como uma dádiva milagrosa" (*Richard Wagner em Bayreuth*, §11).

2. A AMIZADE ESTELAR
(*A gaia ciência*, § 279)

Nós éramos amigos e nos tornamos estranhos um para o outro. Mas está bem que seja assim, e não vamos nos ocultar e obscurecer isto, como se fosse motivo de vergonha. Somos dois barcos que possuem, cada qual, seu objetivo e seu caminho; podemos nos cruzar e celebrar juntos uma festa, como já fizemos — e os bons navios ficaram placidamente no mesmo porto e sob o mesmo sol, parecendo haver chegado a seu destino e ter tido um só destino. Mas então a todo-poderosa força de nossa missão nos afastou novamente, em direção a mares e quadrantes diversos, e talvez nunca mais nos vejamos de novo — ou talvez nos vejamos, sim, mas sem nos reconhecermos: os diferentes mares e sóis nos modificaram! Que tenhamos de nos tornar estranhos um para o outro é a lei *acima* de nós: justamente por isso devemos nos tornar também mais veneráveis um para o outro! Justamente por isso deve se tornar mais sagrado o pensamento de nossa antiga amizade! Existe provavelmente uma enorme curva invisível, uma órbita estelar em que nossas tão diversas trilhas e metas estejam *incluídas* como pequenos trajetos — elevemo-nos a esse pensamento! Mas nossa vida é muito breve e nossa vista muito fraca, para podermos ser mais que amigos no sentido dessa elevada possibilidade. — E assim vamos *crer* em nossa amizade estelar, ainda que tenhamos de ser inimigos na Terra.

3. *INTERMEZZO*
(*Ecce homo*, cap. II, 7)

Direi ainda uma palavra para os ouvidos mais seletos: o que *eu* quero propriamente da música. Que ela seja serena e profunda, como uma tarde de outubro. Que seja singular, travessa, terna, uma doce pequena mulher de baixeza e encanto... Jamais admitirei que um alemão *possa* saber o que é música. Os chamados músicos alemães, os maiores à frente, são *estrangeiros*, eslavos, croatas, italianos, holandeses ou judeus; de outro modo são alemães da raça forte, alemães *extintos*, como Heinrich Schütz, Bach e Händel. Eu mesmo continuo suficientemente polonês para dar todo o restante da música em troca de Chopin; excluo, por três motivos, o *Idílio de Siegfried*, de Wagner, talvez também Liszt, que nos nobres timbres da orquestra tem vantagem sobre os demais músicos; por fim, tudo o que brotou além dos Alpes *aquém*... Não poderia esquecer Rossini, e menos ainda o *meu* Sul na música, a música do meu *maestro* veneziano, *Pietro Gasti*. Quando digo além dos Alpes, quero dizer apenas Veneza. Quando busco uma outra palavra para música, encontro somente a palavra Veneza. Não sei distinguir entre música e lágrimas, não sei pensar a felicidade, o *Sul*, sem um estremecimento de temor.

Junto à ponte me achava
há pouco na noite gris.
De longe vinha um canto;
gota de ouro orvalhando
sobre a superfície trêmula.
Luzes, gôndolas, música —
Ébrio rumou para o crepúsculo...

Minha alma, um alaúde
por mão invisível tocado,
cantou para si, em segredo,
uma canção gondoleira,
trêmula de iridescente ventura.
— Alguém a teria escutado?

CARTAS DE NIETZSCHE SOBRE AS DUAS OBRAS

1. CARTA A PETER GAST, 17/7/1888

[...] Caro amigo, você se recorda do pequeno panfleto que escrevi em Turim? Está sendo impresso agora; e peço encarecidamente a sua colaboração. Naumann [o editor] já tem o seu endereço. O título é:

      O *caso Wagner*
      Um problema para músicos
De
Friedrich Nietzsche

É algo *divertido*, com um *fond* [fundo] de seriedade quase excessiva. — Você tem disponíveis as obras completas de Wagner? Gostaria que verificasse alguns trechos, para que eu possa citá-los exatamente, com indicações de volume e de página. 1) Há, no texto do *Anel*, uma variante da última canção de Brunilda que é inteiramente budista: quero apenas o número da página e o volume, não as palavras; 2) como é literalmente esta passagem do *Tristão*:

> "a razão terrivelmente profunda e misteriosa
> quem a proclama para o mundo?"
> [*den furchtbar tief geheimnisvollen Grund
> wer macht der Welt ihn kund?*]
> está certo assim? —

3) em um de seus últimos escritos, Wagner afirmou, e até enfatizou, se bem me lembro, que "a castidade faz *milagres*". Eu gostaria de ter as palavras exatas. —

De resto, solicito que você faça todo tipo de objeção, de crítica da expressão e do gosto. Há muitas ousadias nesse livrinho precário. — A correção das provas [será] como antes. Quanto à capa, papel, etc. já me entendi com Naumann. O manuscrito estará em suas mãos no dia 19 de julho.

As mais cordiais saudações de seu amigo Nietzsche.

Lembrança para seus estimados pais.

2. CARTA A CONSTANTIN GEORG NAUMANN, 2/8/1888

Prezado Editor:

Segue a conclusão do manuscrito. Vamos imprimir esta última parte exatamente como a conclusão propriamente dita: desse modo ela ficará aproximadamente uma folha mais longa. Esses acréscimos, que têm o título de *Pós-escrito*, devem começar na página seguinte à da conclusão da "Carta" propriamente dita.

O endereço do sr. Köselitz [nome verdadeiro de Peter Gast] é o mesmo:

"Sr. Heinrich Köselitz
Annaberg"

Em anexo, uma sugestão para o *Jornal de anúncios dos livreiros*. Para mim é importante que se fale dessa publicação oportunamente.

3. CARTA A PETER GAST, 9/8/1888

Caro amigo,

Há ainda *pós-escritos* a minha "Carta" para corrigir — lamento por você! Bastante apimentados e salgados; no *segundo* pós-escrito eu ataco o problema "à unha", em forma ampliada (dificilmente terei oportunidade de falar outra vez dessas questões; a forma escolhida agora me permite muitas "liberdades"). Entre outras coisas, um julgamento dos mortos também acerca de Brahms. Numa ocasião me permiti até aludir a você: de uma forma que, espero, terá sua aprovação.

Acabei de solicitar a Naumann que lhe enviasse para uma revisão final as provas que corrigi por último, nas quais fiz algumas mudanças.

Com toda a gratidão
Seu amigo
N.

4. CARTA A PETER GAST, 11/8/1888

Caro amigo:
Foi para mim um grande encorajamento saber, e inclusive *ver*, que esse escrito tão arriscado lhe deu algum prazer. Há momentos, sobretudo à noite, em que me falta ânimo para tamanha maluquice e *dureza*. Em suma: isso me educa para uma solidão ainda maior — e me prepara para divulgar coisas *bem outras* do que minhas malícias sobre um "Caso Particular". O que há de mais forte se acha realmente nos "Pós-escritos"; num ponto estou até mesmo em dúvida se não fui longe demais (*não* nas questões, mas no modo de expressá-las). Talvez seja melhor omitir a *nota* (em que insinuo algo sobre a origem de Wagner) e deixar espaços maiores entre as subdivisões do "Pós-escrito"...

[...] Na conclusão retornei ao ponto de vista do "Prólogo": para tirar à obra o caráter ocasional — para *destacar* seu nexo com toda a minha tarefa e intenção.

Na contracapa são listadas as obras; também não esqueci o "Hino" [Hino à vida, composição musical]. — Dessa vez gosto das *páginas* — com as letras e a extensão adequadas, e não com-

primidas e cheias em demasia, como em *Além do bem e do mal* (cuja página me parece dificilmente legível).
[...]

Sempre ao seu lado em espírito
N.

O *leitmotiv* de meu gracejo ruim, "Wagner como Redentor", refere-se naturalmente à inscrição na coroa da Sociedade Wagner de Munique, "Redenção para o Redentor"...

5. CARTA A C. G. NAUMANN, 12/8/1888

Prezado Editor:
Acabo de receber novamente as provas, contendo os dois "Pós-escritos". Nesse ínterim enviei mais uma parte do manuscrito: ela deve começar na nova página (53), com o título de Epílogo. Hoje acrescentei a ela mais algumas substanciais palavras de conclusão, que estabelecem uma significativa relação com a minha última obra publicada. Peço desculpas pelo fato de o manuscrito lhe chegar assim *de modo fragmentário*: se soubesse as incríveis condições em que passo o verão aqui em cima, o sr. certamente o compreenderia. A questão que trato nessa obra é de peso e responsabilidade: quero absolutamente ficar satisfeito comigo mesmo nesse ponto — por isso estou sempre acrescentando algo. Gostaria de não precisar voltar a esse problema: daí ter refletido agora dia e noite sobre ele, para encontrar todos os seus pontos *essenciais*. — Apenas há três dias o tempo está bom; antes estava invernal no pior sentido. Sempre doente!...

Quanto à correção do *prólogo*, vale o texto estabelecido por mim e por Köselitz, na prova enviada: mas eu pedi que uma *última revisão* ainda seja feita por Köselitz.

Na *capa* vamos deixar de fora as palavras *ridendo dicere severum*, depois que a página onde estão as palavras *Carta de Turim* mostrou ser um lugar mais apropriado. —

A capa, com tudo *verde*, palavras e papel, me agradou muito. Deixemos assim. — O papel também é bonito, encorpado.

Também concordo inteiramente com suas sugestões a respeito do número de exemplares e a designação dos últimos quinhentos como *segunda tiragem*. — O mesmo quanto ao *preço*. [...]

O breve esboço para o jornal dos livreiros pode, naturalmente, ser alterado em todo sentido e em qualquer palavra [...]; faça, por favor, *como achar melhor*. Aí me falta experiência em relação ao que é permitido e o que é *favorável*.

Com os melhores votos para o sucesso de nosso empreendimento

Atenciosamente
Dr. Nietzsche

6. CARTA A PETER GAST, 18/8/1888

Caro amigo,
Deu-me prazer a sua carta, que acabo de receber. — Quanto à *nota*, resolvi (exceto por um maior cuidado na questão da procedência) conservá-la inteiramente. Pois numa espécie de epílogo eu volto com todo o ímpeto à falsidade de Wagner: de maneira que qualquer indicação para esse lado se torna valiosa. (Tal epílogo eu reelaborei diversas vezes: o que lhe foi enviado *ainda não é* o certo. Mas envie-o para mim, corrigido!) —

Refiro-me, de fato, aos *Epigramas venezianos* (e *não* às *Elegias romanas*). É um dado histórico (como aprendi no livro de Hehn) que *eles* produziram escândalo. [...]

Com amizade, seu N.

7. CARTA A PETER GAST, 24/8/1888

Caro amigo, estou enviando o epílogo para Naumann, com a determinação de que lhe chegue ainda uma vez para uma *última revisão*. Pareceu-me útil dizer umas coisas mais claramente (pareceu-me uma *finesse* [fineza] defender o *cristianismo* contra Wagner). A última frase também está mais forte agora — e mais jovial...
"Para Creta!" — é um famoso coro de *A bela Helena*. Digo-lhe por malícia, depois que você me "instruiu" sobre as palavras finais de *Parsifal*. Essas "últimas palavras" de Wagner eram meu *leitmotiv*, afinal...
[...]

Com gratidão
seu amigo N.

8. CARTA A JACOB BURCKHARDT, 13/9/1888

Caríssimo Professor:
Tomo a liberdade de enviar-lhe um pequeno trabalho de estética que, embora pretenda ser um *descanso* em meio à seriedade de minhas tarefas, tem lá sua própria seriedade. O senhor não se deixará enganar um instante sequer pelo tom ligeiro e irônico. Eu tenho talvez o direito de falar *claramente* desse "caso Wagner — talvez até a obrigação. O movimento goza hoje em dia da mais alta glória. Três quartos de todos os músicos estão completa ou parcialmente conquistados, de São Petersburgo a Paris, Bolonha e Montevidéu os teatros vivem dessa arte, recentemente o jovem *Kaiser* alemão qualificou o assunto de causa nacional *de primeira ordem* e colocou-se à frente dela: razão bastante para que seja *permitido* entrar no campo de batalha. Reconheço que esse trabalho, pelo caráter europeu-internacional do problema, deveria ter sido escrito em francês, não em alemão. *Em certa medida* está escrito em

francês: e em todo caso seria mais fácil traduzi-lo para o francês do que para o alemão...
[...]

> Com a expressão do maior afeto e veneração
> Seu
> Dr. Friedrich Nietzsche

(Meu endereço, até meados de novembro, é *Turim, poste restante*, uma palavra sua me faria feliz.)

9. CARTA A PETER GAST, 16/12/1888

Caro amigo:
[...] E agora o principal. Ontem enviei um manuscrito para C. G. Naumann que deve ser publicado logo, isto é, antes de *Ecce homo*. Esse novo lhe dará prazer: — você também aparece nele e como! — Chama-se

> *Nietzsche contra Wagner*
> Dossiê de um psicólogo

É essencialmente uma caracterização de *antípodas*, em que utilizei uma série de trechos de meus escritos anteriores, dando assim ao "Caso Wagner" a contrapartida *séria*. Isso não impede que nele os alemães sejam tratados com malícia *espanhola* — o escrito (cerca de três cadernos) é extremamente *antialemão*. [...]

> Com amizade,
> Seu N.

10. CARTÃO-POSTAL PARA C. G. NAUMANN, 20/12/1888

Enviei-lhe uma folha com o título "Intermezzo", pedindo que a incluísse em N. contra W. Mas agora acho melhor, como estava planejado inicialmente, incluí-la em *Ecce* [*homo*]: no segundo capítulo (Por que sou tão inteligente), como seção 5. Em consequência, os números seguintes devem ser mudados. O título "Intermezzo" naturalmente sai.

N.

11. CARTA PARA CARL FUCHS, 27/12/1888

[...] Proximamente sairá *Nietzsche contra Wagner*, se tudo der certo também em francês. O problema do nosso antagonismo é aí considerado tão profundamente que também a questão Wagner é lançada *ad acta* [aos arquivos, isto é, encerrada]. Uma página... sobre música, nessa obra, é talvez a coisa mais curiosa que já escrevi... O que digo sobre Bizet você não deve levar a sério; tal como sou, Bizet não entra em consideração para mim [*so wie ich bin, kommt Bizet Tausend Mal für mich nicht in Betracht*]. Mas como *antítese* irônica a Wagner isto funciona bem; seria uma absoluta falta de gosto se eu partisse de um elogio de Beethoven, digamos. Além disso, Wagner tinha muita inveja de Bizet: *Carmen* é o maior sucesso da história da ópera, e sozinha superou largamente o número de apresentações, na Europa, de todas as óperas de Wagner reunidas. [...]

12. CARTÃO-POSTAL PARA C. G. NAUMANN, 28/12/1888

Esqueci de um acento na página 4 de N. c. W.
Géraudel
Na página 6, quinta linha de baixo para cima, deve ser: por três motivos,

N.
Um bom Ano-Novo — para nós dois...

13. CARTA A PETER GAST, 31/12/1888

[...] Você encontrará em *Ecce homo* uma página tremenda acerca do *Tristão*, até mesmo sobre minha relação com Wagner. W. é absolutamente o primeiro nome que ocorre em E h. Lá, em que não deixo dúvidas acerca de nada, tive também a coragem para [dizer] coisas extremas nesse ponto.

Ah, amigo! *que* momento! — Quando chegou seu cartão, *o que* eu fazia... Era o famoso Rubicão...

Meu endereço já não sei; digamos que seria primeiramente o *palazzo del Quirinale*.

N.

14. PARA C. G. NAUMANN, 2/1/1889

Os acontecimentos ultrapassaram totalmente o pequeno escrito Nietzsche contra W.: envie-me de imediato o poema do final, assim como o enviado por último, "Glória e eternidade". Adiante com *Ecce!*
Telegrafe para Gast!
Endereço como antes
Turim

À GUISA DE POSFÁCIO
Nietzsche, Wagner e a música
Entrevista Com C. P. Janz*

Curt Paul Janz é autor da mais conceituada biografia de Friedrich Nietzsche (publicada por Hanser/DTV, Munique, 1981, 3 vols., quase 2000 páginas). É também especialista na música de Nietzsche, tendo editado as composições do filósofo (sim, o autor de *Zaratustra* foi também compositor). Nascido em 1911 na Basileia, Suíça, onde vive até hoje, Janz teve formação em música, letras clássicas e filosofia. Durante 46 anos, foi instrumentista (viola) da Sinfônica da Basileia. Após um primeiro contato por telefone, concordou em responder por escrito algumas questões sobre Nietzsche. Várias respostas foram bem breves, complementadas aqui com trechos de um ensaio que ele enviou. Numa carta pessoal e bastante humana (nunca demasiado...), ele se desculpou pela dificuldade em escrever. Há quatro anos, desde que morreu sua mulher, ele se sente "como que paralisado". Com ela viveu cinquenta anos; tiveram três filhos, cinco netos, um bisneto. É natural que ele confesse, na bela resposta final, estar cansado do assunto Nietzsche. O tom de suas cartas é de quem alcançou uma lucidez distanciada e serena diante das coisas. "O homem velho deixa vida e morte para trás", diz a canção de Caetano. Mas passemos às questões, que ainda interessam aos jovens.

PCS — *Qual sua opinião sobre Nietzsche como compositor? O senhor partilha o julgamento negativo de alguns contemporâneos dele, do maestro Hans van Bülow, por exemplo?*

---

* Extraída de Paulo César de Souza, *Freud, Nietzsche e outros alemães*, Rio de Janeiro: Imago, 1995, pp. 88-94. Publicada primeiramente no jornal *Folha de S.Paulo*, 13/9/1992.

Janz — Sobre Nietzsche como compositor é bem difundido o julgamento de Bülow, que infelizmente as pessoas repetem sem conhecer as composições. Minha experiência é de que em toda a parte onde organizei interpretações de obras dele, para ilustrar minhas conferências, tanto os intérpretes como o público ficaram surpresos e entusiasmados. Foi em virtude desse entusiasmo que a Sociedade Suíça para a Pesquisa da Música me incumbiu de editar o legado musical de Nietzsche. O volume, com 315 páginas de partituras, foi publicado em 1976 por Närenreiter, de Kassel.

PCS — *Nietzsche afirmou que "a vida sem música seria um erro", e que a música é "o mais admirável dos dons de Deus". Até que ponto o pensamento dele foi influenciado pela música e, inversamente, como sua relação com a música foi influenciada pela filosofia?*

Janz — O pensamento de Nietzsche foi "musical" na medida em que foi fortemente emocional, nascido da vivência do momento — não obstante toda a agudeza do intelecto. Sua musicalidade influi também na configuração, na "forma" de seus escritos, o que por outro lado determina sua relação com a música: ele exige acabamento formal de contornos nítidos, em oposição à difusa "melodia interminável" de Wagner.

PCS — *Existem outros pensadores para os quais a música seja tão importante?*

Janz — Além de Nietzsche, o único filósofo compositor do meu conhecimento é Rousseau, que aliás foi muito produtivo. Dele existe uma ópera cômica bem-sucedida, *Le devin du village* (*O adivinho da aldeia*), e trabalhos relevantes de teoria musical. Em Platão a música tem um papel fundamental. Mas não sabemos com certeza se ele próprio tocava um instrumento, como o diaulo ou a lira.

PCS — *"É sempre extraordinário como se manifesta na música a imutabilidade do caráter; o que o menino nela expressa é tão claramente a linguagem da essência de sua natureza, que também o homem nada deseja nela mudar" (Nietzsche). O que a música de Nietzsche lhe revelou sobre ele?*

Janz — As composições são, como a maior parte de seus

escritos, uma forma de lidar com impressões imediatas. Ele toca e ouve Chopin; então senta e escreve duas peças nessa "linguagem". Esse caso me abriu os olhos para o fato de que em seus escritos se acha com frequência o mesmo procedimento. Basta ver, no *Zaratustra* (que por isso é um tanto desagradável), os tons "bíblicos" na reação ou acerto de contas com a Bíblia.

PCS — *As composições de Nietzsche são todas da juventude. Ele parou de compor aos trinta anos. A que o senhor atribui isso?*

Janz — Você quer dizer, por que ele parou? Creio que a desavença e desarmonia interior com Wagner e com todo o romantismo liquidou o impulso musical — que era romântico. O fenômeno Wagner se compreende no interior do romantismo alemão, que ele esgotou e também coroou, com uma obra incomparável. A obra do compositor mais venerado por Nietzsche, Beethoven, significa uma ruptura com e a partir do "classicismo" de Haydn e Mozart, em direção ao romantismo, do qual não chega a fazer parte. Esta é também a situação de Nietzsche na evolução musical e espiritual do fim do século passado e início deste; ele é um romântico nato, como provam suas composições, mas como pensador se coloca na ruptura rumo à modernidade, que não chegou a vivenciar; foi um precursor e preparador.

PCS — *Sobre a relação Nietzsche-Wagner: Nietzsche apareceu como defensor e amigo de Wagner, com* O nascimento da tragédia *(1872), mas seus últimos livros, de 1888, contêm críticas severas a Wagner. Como o senhor apreende esta mudança?*

Janz — Eu distingo três níveis na relação Nietzsche-Wagner: o humano-pessoal, o religioso e filosófico e o "histórico-espiritual". Wagner tinha uma personalidade exuberante, mas também dominadora e intolerante para com outros artistas (como Brahms). Nietzsche tinha de se subtrair a essa dominação. Wagner nasceu em 1813 (mesmo ano do pai de Nietzsche), e ele em 1844. Não era uma relação *inter pares*. É preciso lembrar que, enquanto Wagner já era famoso mundialmente, Nietzsche era um jovem desconhecido. No plano filosófico e religioso, as divergências foram se acentuando. Nietzsche rompeu com o cristianismo aos dezessete anos; um passo doloroso, documentado também nas composições da época, que eram sacras (oratórios), e subitamente passaram a "profanas". Quando Wagner compôs o *Parsifal*, Nietzsche acreditou ver na obra uma conversão ou recaída do velho Wagner no cristianismo — o que para ele era uma grande ofensa. Não me parece casual que *O caso Wagner* e *O Anticristo* sejam da mesma época. Nietzsche também desaprova o apego de Wagner à filosofia pessimista de Schopenhauer. O terceiro plano é aquele mencionado acima: a superação do romantismo por Nietzsche.

PCS — *Em* O caso Wagner *Nietzsche criticou a vanguarda, o impulso vanguardista. Mas ao mesmo tempo gostava de se ver como um descobridor de novos mundos, um Colombo da filosofia. Não lhe parece uma contradição?*

Janz — Ele criticou a "vanguarda" de então, porque na realidade ela consistia apenas em seguidores de Wagner, em epígonos do mestre. Eles compunham conforme o lema: *Frisch gewagnert ist halb gewonnen* [trocadilho com o provérbio *Frisch geiwagt its halb gewonnen*, que significa aproximadamente: "Quem ousa primeiro, tem meia vitória"].

PCS — *Nietzsche superestimou bastante a música de Heinrich Köselitz (que chamava de Peter Gast). Que motivos houve para isso?*

Janz — Ele superestimou Köselitz porque este recorre aos modelos, às formas herdadas da música "clássica". O que Nietzsche não percebeu é que ele nada tem a dizer sob essa roupagem formal.

PCS — *Quanto à recepção atual da música de Nietzsche: ela é tocada publicamente?*

Janz — Sim, é cada vez mais tocada. Existem long-plays, as rádios alemãs apresentam com frequência composições de Nietzsche, em geral emprestadas da Rádio Basileia, onde foram feitas muitas gravações. Há poucos dias recebi de uma organização, The Nietzsche Music Project, de Nova York, um CD com setenta minutos de música para piano. Dizem que lá se tornou um best-seller. Além disso, Fischer-Diskau gravou cinco *lieder* de Nietzsche, etc.

PCS — *Sua biografia de Nietzsche tornou-se uma referência obrigatória nos estudos sobre ele. Em que línguas ela já foi traduzida?*

Janz — Em francês, pela Gallimard, de Paris; em italiano, pela Laterza, de Bari; em espanhol, pela Alianza, de Madri; em holandês, pela Tirion. E será publicada em inglês pela Cambridge University Press.

PCS — *Todo estudioso de Nietzsche tem um favorito entre os livros dele. Qual o seu?*

Janz — *Lieblingsbuch!* ("Livro favorito!") Enquanto me ocupei apenas secundariamente de Nietzsche (devo confessar, para minha vergonha) era o *Zaratustra*, naturalmente. Mas a ele prefiro, como leitura propriamente filosófica, *A gaia ciência* e *Além do bem e do mal*. Como primeira leitura recomendo sempre um texto que ele não chegou a publicar, "Sobre verdade e mentira no sentido extramoral".

PCS — *Em que o senhor trabalha no momento?*

Janz — O primeiro volume da edição alemã (da biografia) está esgotado há dois anos. A editora quer lançar uma segunda edição no princípio de 93, e há alguns acréscimos e correções a fazer. Pouca coisa, e nada de essencial. Depois quero descansar de Nietzsche. Me desculpe, mas não quero mais saber do assunto. Ainda cuido do nosso jardim, como faria minha mulher, faço muitas caminhadas, para estar junto com as pessoas, e toco música: quase todo dia pratico as inesgotáveis sonatas solos de Bach. Felizmente meus velhos dedos ainda conseguem isso; é uma dádiva e uma raridade.

UM PS À ENTREVISTA

Janz não é muito crítico em relação à música de Nietzsche. É certo que houve diferentes opiniões a respeito. Hans von Bülow, maestro wagneriano, referiu-se a uma composição dele como "um estupro de Euterpe" (que era a musa grega da música). Anos depois, Gustav Mahler achou que o talento de Nietzsche para a composição era maior do que se dizia. O consenso atual é de que, se existia, esse talento não chegou a se realizar. Ele se mostra um pouco mais nas pequenas peças para piano e nos *lieder*, mas em geral — sobretudo nas aberturas e oratórios — predominam o diletantismo e a falta de competência. Sua música interessa por ser dele, pelas associações que permite estabelecer com suas obras escritas e a personalidade por trás delas. Ele publicou somente uma peça musical enquanto viveu (o *Hino à vida*, com texto de Lou Salomé), o que revela consciência da própria incapacidade. O fato de ter parado aos trinta anos é também revelador. Nietzsche compunha já aos nove anos de idade. Suas músicas eram prendas que oferecia à mãe e à irmã, em ocasiões como Natal e aniversário. Nunca teve educação formal em música; foi autodidata, cresceu imitando os autores que o impressionavam. Foi também um bom improvisador ao piano: "Você toca bem demais para um professor, Nietzsche", teria dito Wagner. Se não fosse dele, é provável que sua música estivesse tão esquecida quanto a música de Peter Gast. Mas seria demais querer que ele fosse um gênio também nessa arte. (PCS)

ÍNDICE REMISSIVO

Os números se referem a seções, não a páginas. P designa o Prólogo; PS1, o primeiro Pós-escrito; PS2, o segundo Pós-escrito; E, o Epílogo. Para Nietzsche contra Wagner, adotou-se NW e o número correspondente ao capítulo.

alemão(ães), 2, 3, 5, 6, 8, 9, 10, PS1, PS2, E, NW4, NW8; caráter, PS1; "gosto", 10, PS2
Alfieri, Vittorio, 11
amor, 2, 3, 4, 12; amor livre, 4; de uma "virgem sublime", 2
Anel (O anel dos Nibelungos), 3, 4, PS2
antissemitismo, NW8
ator, ascensão do, na música, 11, 12; Wagner como, *ver* Wagner

Beethoven, 8, PS2, NW4
Biterolf, 3
Bizet, Georges, P, 1, 3; *Carmen*, 1, 2
Brahms, PS2
Brunilda, 4
Byron, NW9

Cagliostro, Alessandro, 5, E
"O caso Wagner", PS1, E
Circe, PS1; indiana, 4
Constant, Benjamin, 2
"contratos", a guerra de Wagner aos, 4
Corneille, 9
cristão, cristianismo, 3, 6, PS1. E; *junker*, E; moralidade cristã, E

décadence, décadent(s), passim; artista da, 4, 5; literária, 7; problema da, P; virtude dos, 7
Deus, 2, E; "o velho Deus", 3

Dostoiévski, E
drama, definição de, 9

Elsa, 10
Epicuro, NW5
Erda, 9
espírito, 3, 6, 10, 11; "pobre de espírito", 5, PS2
estética, E
estilo, 7
Europa, 1, 2

falsário, falseamento, 1, 10, PS1, PS2, NW9
filósofo(s), filosofia, P, 1, 2, 3, PS1, E
Flaubert, Gustave, 9, NW5
França, PS1, NW6
francês(es), 2, 4, 8

gaya scienza, 10
Gérandel, pastilhas, NW2
Goethe, 2, 3, E, NW5, NW6; "Príapo", 3
Gogol, NW9
Goldmark, Karl, PS2; *Rainha de Sabá*, PS2
Goncourt, irmãos, 7
gosto, corrupção do, PS1

Hafiz, NW6
Händel, 6, PS2
Hegel, 10, NW5

Heine, NW6
Herder, 3
Hugo, Victor, 8, 11
Hume, NW5

idiota, 5
Isolda, 3
italianos, 6

judeu errante, 3

Kaiser, NW2
Kant, 7, NW5
Keller, Gottfried, NW7
Kleist, NW9
Klingsor, PS1
Klopstock, 3
Kreuzzeitung, PS2
Kundry, 3

Leopardi, NW9
Liszt, 11, E
Literarisches Zentralblatt, PS2
"livre-arbítrio", 7
Lohengrin, 9; *Lohengrin*, 3, 7
Lorrain, Claude, NW4

melodia, 6; "melodia infinita", NW3
Mérimée, Prosper, 2
Mestres cantores, 3, 9, PS1
moderno, modernidade, P, 1, 3, PS2, E; o Cagliostro da, 5
"monte de Vênus", 3
moral, moralidade, P, 3, 4, 10, E; de ator, 8; dos senhores, E; nobre, E
Mozart, 6, NW3, NW4
mulher(es), 3, 4; wagnerianas, PS1, PS2, E
música, 1-8, 10, 11, PS1, PS2, NW2; ascensão do ator na, 11
Musset, NW9

Navio fantasma, 3, 7
Niebuhr, Barthold Georg, 3
Norddeutsche Zeitung, NW6

Orfeu, NW1

paixão, 6
Palestrina, 6
Paris, NW6
Parsifal, 9; *Parsifal*, 3, 6, PS1, NW7
Pascal, NW5
Poe, NW9
Proteu, 5

Racine, NW4
redenção, redimido, 2,3,4,11, PS1, E; "Redenção para o Redentor", PS1
Reich, 11, PS2
Renascença, E
revolução, crença de Wagner na, 4
Rhinoxera, PS2
Riemann, Karl Wilhelm, 11
ritmo, NW3
romantismo, fatalidade do, 3
Rossini, PS2, NW4

saga islandesa, E
santidade, 3
Schelling, 10
Schiller, 3, 6, 8
Schopenhauer, P, 4, 10, NW5, NW6; filósofo da decadência, 4
Senta, 2
Siegfried, 9; como revolucionário típico, 4

Talma, François Joseph, 8
Tannhäuser, 3, 7
teatro, NW2
teatrocracia, PS1
Tristão, 9
Tristão e Isolda, 3

Valquíria, 7
vegetariano, 5

Wagner, Richard, *passim;* como ator, 8, 9, PS1; conteúdo de suas óperas, 9; como corruptor do gosto, PS1; como dramaturgo, 2, 9; como alemão, PS1; como mestre do mínimo, NW1; como músico, 8, 9, 10, PS1; como revolucionário, 4; escritos, 6, 10; estilo literário, 7; as heroínas de, 9; influência de, 11; resistência a, PS1; *óperas e personagens são listados individualmente*
wagnerianos, 6, 8, 9, PS1
Wartburg, 3
Wotan, 10

Zaratustra, P

FRIEDRICH WILHELM NIETZSCHE nasceu no vilarejo de Roecken, perto de Leipzig, na Alemanha, em 15 de outubro de 1844. Perdeu o pai, um pastor luterano, aos cinco anos de idade. Estudou letras clássicas na célebre Escola de Pforta e na Universidade de Leipzig. Com 24 anos foi convidado a lecionar filologia clássica na Universidade da Basileia (Suíça). Em 1870 participou da Guerra Franco-Prussiana como enfermeiro. No período em que viveu na Basileia foi amigo de Richard Wagner e escreveu *O nascimento da tragédia* (1872), *Considerações extemporâneas* (1873-6) e parte de *Humano, demasiado humano*. Em 1879 aposentou-se da universidade, devido à saúde frágil. A partir de então levou uma vida errante, em pequenas localidades da Suíça, Itália e França. Dessa época são *Aurora*, *A gaia ciência*, *Assim falou Zaratustra*, *Além do bem e do mal*, *Genealogia da moral*, *O caso Wagner*, *Crepúsculo dos ídolos*, *O Anticristo* e *Ecce homo*, sua autobiografia. Nietzsche perdeu a razão no início de 1889 e viveu em estado de demência por mais onze anos, sob os cuidados da mãe e da irmã. Nessa última década suas obras começaram a ser lidas e ele se tornou famoso. Morreu em Weimar, em 25 de agosto de 1900, de uma infecção pulmonar. Além das obras que publicou, deixou milhares de páginas de esboços e anotações, conhecidos como "fragmentos póstumos".

PAULO CÉSAR DE SOUZA fez licenciatura e mestrado em história na Universidade Federal da Bahia e doutorado em literatura alemã na Universidade de São Paulo. Além de muitas obras de Nietzsche e de Freud, traduziu *O diabo no corpo*, de Raymond Radiguet, *Poemas (1913-1956)* e *Histórias do sr. Keuner*, de Bertolt Brecht. É autor de *A Sabinada — A revolta separatista da Bahia* e *As palavras de Freud — O vocabulário freudiano e suas versões*, entre outros livros. Coordena as coleções de obras de Nietzsche e Freud publicadas pela Companhia das Letras.

1ª edição Companhia das Letras [1999] 2 reimpressões
1ª edição Companhia de Bolso [2016]

Esta obra foi composta pela Verba Editorial
em Janson Text e impressa pela Prol Editora Gráfica em ofsete
sobre papel Pólen Soft da Suzano Papel e Celulose

A marca FSC® é a garantia de que a madeira utilizada na fabricação
do papel deste livro provém de florestas que foram gerenciadas
de maneira ambientalmente correta, socialmente justa e econo-
micamente viável, além de outras fontes de origem controlada.